제주도 편

감여(堪輿)의 비밀을 찾아서

풍수 유적 답사기

제주도 편

풍수 유적 답사기

감여(堪輿)의 비밀을 찾아서

청어람 M&B

풍수나 문화재에 관심이 있는 사람들이 유적지를 쉽게 찾아갈 수 있도록 길 안내 책을 만들기로 하고 2017년 첫발을 내딛었다. 2019년 강원도 편을 출간하였고, 곧바로 2020년에는 제주도 편을 만들기로 계획을 세우고 진행하였다.

강원도는 매주 일요일 각 지역을 순차적으로 답사하다 보니 2년 가까운 시간이 소요되었다. 제주도는 육지와의 교통 문제 등을 감안하여 매주 답사하는 방식을 선택하지 않고, 총 네 차례에 걸쳐 집중적으로 구석구석을 찾아다녔다.

이 책에 소개한 유적지들은 풍수를 중요하게 생각했던 1800년대까지 터가 정해진 곳을 대상으로 하였고, 1900년 이후 근대와 현대에 조성하거나 이장 또는 이전을 한 곳은 특별한 경우가 아니면 제외하였다.

정확한 소재지 등을 알려 주는 자료가 거의 없음에도 기준에 부합하는 곳을 가급적 빠짐없이 소개하기 위해 위성 사진으로 제주도 전역을 탐색하고 현장을 찾아갔으며, 최대한 노력을 기울였으나 누락된 곳이 있을 것이기에 아쉬움이 남는다. 찾은 장소 중에서도 귤 농장이나 목장 안에 있는 곳 등은 혹시 주민에게 피해를 줄 수 있기에 소개 대상에서 제외하였다.

이 책은 길 안내라는 본래의 취지를 살리기 위해 각 답사지의 소재지 주소와 함께 내비게이션으로 가장 가깝게 접근할 수 있는 주소를 표기하였다. 인물이나 가계(家系)·건물이나 장소의 개요 등은 인터넷 검색으로 얻을 수 있는 정보들은 가급적 빼고 비석이나 현장 안내판에 적혀 있는 내용을 중심으로 간략하게 소개하였다. 풍수적인 사항도 현장에서 분석할 때 꼭 참고할 사항만을 표시하였다.

제주도는 화산 활동으로 용암이 흐르고 화산재 등이 쌓여 자연 상태의 지형이 완전히 가려졌다고 보아야 한다. 이 책에서 언급하는 청룡과 백호, 현무, 안산, 조산과 물길 등 풍수적인 설명에 관한 내용도 현재의 모습을 기준으로 설명하는 것일 뿐 화산 폭발 이전의 자연 상태를 기준으로 하지 않는다는 것이다. 따라서 산줄기와 관련하여 언급하는 물길(하천)들도 자연 상태의 물길이 아닐 가능성이 매우 높다는 것을 미리 밝혀 둔다.

이 책을 활용하여 유적지를 찾아갈 때 제주도의 행정 구역을 이해한다면 좀 더 효율적으로 답사를 할 수 있을 것이다. 제주도의 행정 구역은 육지의 일반적인 행정 구역과는 다르게 한라산에서 바다 방향으로 길게 구분되어 있는 곳이 많다. 행정 구역이 남북 방향 또는 동서 방향으로 길기 때문에 행정 구역이 같다고 인근에 있고, 행정 구역이 달라서 먼 거리는 아니라는 것이다. 예컨대 제주시 연동의 경우는 남북 방향은 약 10㎞인데 동서 방향은 약 1㎞ 정도밖에 되지 않는 길다란 모양이다. 행정 구역별로 답사보다는 주변 행정 구역을 함께 조사해서 움직여야 효율적으로 답사를 할 수 있을 것이다.

마지막으로 문화재의 유지 보존과 관련한 언급을 하고 머리말을 마무리하고자 한다. 역사는 시간이 축적되어 만들어지는 것이지 경제적인 투자나 인위적 창작만으로 이루어지는 것이 아니다. 시간이 쌓이지 않으면 역사가 될 수 없는 것이므로, 100년 이상 된 묘나 건축물 등은 이미 역사적 가치가 있는 것이고 문화재 급이 되는 것이다.

그런데 요즘은 장례 문화가 화장으로 바뀌고 묘지 형태를 갖추기보다는 화초장, 수목장, 해양장 또는 산골 등을 하는데, 처음 상(喪)을 치르는 경우뿐만 아니라 오래된 조상의 묘도 관리하기 번거롭다는 이유로 파묘해서 없애는 경우가 많은 것이 현실이다. 한 번 이장이나 화장 등으로 훼손되거나 없어진 묘소는 역사적 가치나 의미가 소멸되거나 현저히 떨어진다. 우리의 역사가 담겨 있는 소중한 문화유산인 묘를 관리하기 힘들다고 함부로 없애지 말고 보존하고 유지하는데 이 책이 작은 도움이 되었으면 한다.

2020년 6월
정석풍수연구학회 대표 저자 **조남선**

정석풍수연구학회 회원들

김대웅	김민채	김영철	김은희	김종대
변성용	서경석	윤희원	이승욱	이영기
이종목	이중희	임광수	장현성	정벽화
정재안	정태희	조규철	조남선	조연환
조찬래	편혜정	하태현	한승구	현지우

제주의 지형과 풍수에 대한 소고

　풍수 이론을 살펴보면 땅에는 능선을 타고 흐르는 지기(地氣＝生氣, Good Energy)가 있고, 골육수라는 중심 수맥이 지맥을 형성해서 지기의 흐름을 호종한다. 주변이 산으로 둘러싸여 바람이 갈무리되는 이른바 '장풍의 조건'이 갖춰진 곳의 능선이 끝나는 지점에 혈이 만들어져 지기가 지상으로 분출되는 것이다(조남선 저, 『풍수의 정석』 참조).

용맥(산줄기)

보국(울타리)

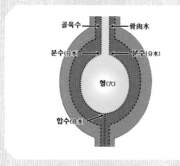
혈(수맥 그림)

제주도는 대략 120만 년 전부터 화산 활동이 시작되었다. 이 화산 활동 과정에서 용암과 화산석, 화산재 등을 분출한 백록담과 360여 개의 크고 작은 오름이 생겼으며, 그 결과 제주도라는 화산섬이 만들어졌다고 알려져 있다.

그러나 이러한 주장이 실체적 진실과 어느 정도 부합하는지는 누구도 단정할 수 없다. 때문에 먼저 해저면이 융기해서 섬이 만들어졌고, 그다음 화산 폭발이 일어났으며, 그로 인하여 용암이 흐르고, 화산석과 화산재가 뿜어져 나와 쌓였다는 가정을 할 수도 있다.

왜냐하면 풍수적으로는 육지와 섬이 바닷속 해저 산맥이라고 하는 산줄기로 끊어지지 않고 연결되는 것이기 때문이다. 이렇게 보면 제주도 역시 육지에서 연결된 산줄기가 있을 것이다. 또 지표 아래 수맥 체계를 분석해 보면 제주도라는 섬에도 지맥과 혈이 있으며, 제주도에서는 이미 수백 년 전부터 수맥 체계를 활용하여 풍수의 혈을 찾은 곳이 많다는 것을 확인할 수 있기 때문이다.

제주(오름)

제주(주상절리)

주목할 점은 현재 눈에 보이는 제주도 지형과 육지 지형은 상당 부분 다르다는 것이다. 육지에서 풍수 원칙은 '고일촌위산(高一寸爲山) 저일촌위수(低一寸爲水)'라 하여 조금 높으면 능선이 되는 것이고 조금 낮으면 물길이 된다는 것이다. 그러나 제주에서는 용암과 화산재 등이 자연 상태의 지표면을 덮어 그 규칙을 적용할 수가 없다.

제주도의 묘

육지의 묘

위 두 묘가 있는 외관상 지형은 누가 보아도 능선의 등성이에 해당 되지만, 수맥(水脈, 지표 아래 수세)을 조사해 보면 좌측 묘가 있는 곳은 능선이 아니라 물길이다. 이것은 자연 상태의 물길이 있던 곳으로 용암이 흘러내려 물길이 전부 메워진 뒤 넘치면서 볼록한 능선처럼 만들어진 것이라 보면 된다.

제주도에서는 화산 활동의 여파로 자연 상태의 용맥이나 청룡, 백호 등이 거의 보이지 않는다. 그럼에도 혈처를 찾는 방법을 터득하여 활용할 줄 아는 풍수 식견을 가진 분들이 수백 년 동안 이어져 있었다는 사실에 많이 놀랐고 깊은 감명을 받았다.

눈에 보이는 지형만을 중시하지 않고 땅속의 성질을 이해하고 활용할 수 있게 된 제주도 풍수 비법의 명맥이 어떻게 전수되었으며 또 현재까지 이어지는지에 대해서는 아직 파악하지 못했다. 하지만 이런 소중한 방법이 기록으로 남겨져 풍수 학인들의 학습과 나라의 발전과 안녕, 그리고 국민 행복에 활용되기를 고대해 본다.

묘/강응량 묘/백연립 묘/강우회·강응현 묘/고경업 묘/장차방 묘/
진계백 묘/변성좌·변경우 묘/강인 묘/고태순 묘/이세번 묘/이계
운 묘/고상운 묘/변진명 묘/김덕종 묘/의인 이씨·김유 묘/김상오·
김은 묘/송가금 묘/부핍 묘/강용백 묘/문영후 묘/변성언 묘/진국태
묘/양낙훈 묘

제주시

중부

존나니모루 고씨 할망당

소재 주소 : 제주도 제주시 조천읍 함덕리 1698번지

존나니모루 고씨 할망당(넋산)은 함덕리에 살던 고씨 성읫 할머니 묘다. 할머니는 살아생전에 많은 사람의 질병을 치료해 주었다고 전해진다. 할머니가 세상을 뜨고 이곳에 묘를 만들었는데 이 묘에서 기도를 하면 질병 치료에 큰 도움이 된다고 알려져 있어 매월 음력 7일, 17일, 27일에는 많은 사람들이 찾아와 기도를 한다.

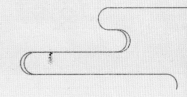

고인걸 묘

소재 주소 : 제주도 제주시 노형동 353

내비 주소 : 제주도 제주시 노형동 352

인물 개요 : 본관은 제주이고, 처사 고인걸을 기준으로 아버지 태순-조부
천룡-증조 웅선-고조 사달로 이어지는 가계이다. 고득종의
10세손이다.

풍수 요점 : 계좌 정향.

노루손이오름에서 검은오름(금오름)을 거쳐 내려온 용맥이 어
느 순간 방향을 바꿔 돌아서려다가 가메통천을 만나면서 그
흐름을 멈춘 터이다. 백호는 야트막하지만 청룡은 제법 능선
형태를 갖춘 자리다.

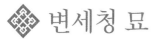 변세청 묘

소재 주소 : 제주도 제주시 노형동 2323-2

내비 주소 : 제주도 제주시 노형동 2323-2

인물 개요 : 본관은 원주이고, 중랑장 변세청을 기준으로 아버지 예-조부 안렬-중조 양-고조 순중으로 이어지는 가계이다. 원주 변씨 제주 입도조이다.

풍수 요점 : 병좌 임향.

도근천과 가메통천을 보면 산줄기는 검은오름에서 이어지는 터로 보이며, 아래쪽으로는 뚝 떨어지는 지형이다. 내룡은 포장도로가 만들어져 판단이 어렵고 묘의 좌우는 허전하게 느껴진다.

현광문 묘

소재 주소 : 제주도 제주시 노형동 2325

내비 주소 : 제주도 제주시 노형동 2323-2(변세청 묘 안쪽 밭 가운데)

인물 개요 : 본관은 연주이고, 학생 현광문을 기준으로 아버지 원추-조부
득유-증조 치적-고조 기봉으로 이어지는 가계이다.

풍수 요점 : 정좌 계향.

도근천과 가메통천을 보면 용맥이 검은오름에서 이어지는 터
로 보인다. 묘의 뒤쪽 밭 너머로 내룡의 흔적이 남아 있고 앞
부분 오른쪽에 백호 능선 형태의 밭 모양이 있다.

고두첨·고윤문 묘

소재 주소 : 제주도 제주시 도남동 1224

내비 주소 : 제주도 제주시 도남동 1209-1

인물 개요 : 본관은 제주이고, 가선대부 고윤문을 기준으로 아버지 응신·
조부 두첨으로 이어지는 가계이다. 고말로의 27세손, 고신걸
의 15세손이다.

풍수 요점 : 곤좌 간향(고두첨 묘), 정좌 계향(고윤문 묘).
서쪽의 한천과 동쪽의 방문천을 거느리고 들위오름(들리오름)
에서 오드싱오름(오드싱이)을 거쳐 내려온 산줄기에 만들어진
자리다. 청룡과 백호가 튼실하게 외보국을 만들었는데 수구가
정면에 있어 장풍이 되는지 확인이 필요하다.

고이지 묘

소재 주소 : 제주도 제주시 봉개동 794

내비 주소 : 제주도 제주시 봉개동 786

인물 개요 : 본관은 제주이고, 통정대부병마수군절제사겸장연태안현감 고
이지를 기준으로 아버지 한걸-조부 계무-중조 태필-고조 득
종으로 이어지는 가계이다.

풍수 요점 : 해좌 사향.
한라산에서 절물오름-밧새미오름-안새미오름으로 이어진 용
맥이 열안지오름을 만든 뒤 회룡고조형처럼 방향을 바꾸어 만
들어진 자리다. 현무가 수려하고 백호는 높지 않지만 형체가
뚜렷하다. 열안지는 '기러기가 날아가는 형국(列雁旨)', 또는
'제비가 알을 품은 형국(燕卵旨)'으로 알려져 있다.

열안지오름

◈ 정윤강 묘

소재 주소 : 제주도 제주시 봉개동 2612

내비 주소 : 제주도 제주시 봉개동 1806-1(대기고등학교 주차장에 진입 계단 있음.)

인물 개요 : 본관은 동래이고, 중직대부충무위부사정 정윤강을 기준으로 아버지 중명-조부 승순-증조 질목-고조 자약으로 이어지는 가계이다.

풍수 요점 : 해좌 사향.

안세미오름(명도오름)에서 서쪽에 흐르는 삼수천과 나란히 북쪽으로 멀리 내려온 산줄기가 봉아오름(봉개오름)을 만들었다. 이곳에서 서쪽으로 뻗은 능선에 회룡고조형으로 묘가 자리 잡았다. 보국과 장풍에 대해 분석해야 할 터이다.

제주목 관아

소재 주소 : 제주도 제주시 삼도이동 43-3

내비 주소 : 제주도 제주시 삼도이동 1024(공영 주차장)

건물 개요 : 고대부터 조선 시대까지 제주도의 정치·행정·문화 중심지 역할을 했고, 사적 제380호이다. 홍화각은 절제사가 사무를 보던 곳으로 1435년(세종 17년) 안무사 최해산(崔海山)이 창건했다.

풍수 요점 : 계좌 정향(홍화각).

동쪽의 산지천과 서쪽의 한천을 끼고 내려온 산줄기 끝자락에 위치한다. 시가지 안에 작은 물길이 여러 개 있었겠지만 육안으로 보이지 않으니 판단의 참고 자료에서 배제한다. 큰 물길만 본다면 산지천이 등을 돌리는 형상이라 바람직하지 않다.

강운봉 가옥(삼양동 초가)

소재 주소 : 제주도 제주시 삼양이동 2100-13

내비 주소 : 제주도 제주시 삼양이동 2100-13

건물 개요 : 제주도 민가의 일반적 형태로 19세기 후반에서 20세기 초반에
건축된 것으로 보인다. 제주도의 자연환경과 제주도민의 가족
구성, 생활 양식을 반영한 건축물로 제주특별자치도 민속문화
재 제3-1호로 지정되었다. 도로보다 낮은 터이고 안채와 별채
가 구별이 어려울 정도로 크기가 비슷한 것이 특징이다.

풍수 요점 : 곤좌 간향.
봉아오름에서 출발한 산줄기가 서쪽의 삼수천을 따라서 바다
가까이까지 내려온 터이며, 100m 앞이 바다이고 백호에는 원
당봉(원당오름)이 있다.

 산천단

소재 주소 : 제주도 제주시 아라일동 375-4

내비 주소 : 제주도 제주시 아라일동 371-6

장소 개요 : 제주도에 부임하는 목사(牧使)는 매년 2월에 한라산 백록담에 올라가 산신제를 지냈는데, 날씨가 춥고 길이 험해 사람들이 얼어 죽거나 부상을 당했다. 1470년(성종 1년) 목사로 부임한 이약동이 지금의 위치로 옮겨 산신제를 지내면서 산천단이 만들어졌다.

풍수 요점 : 서삼봉에서 내려간 산줄기가 소산오름을 만들었는데 그 아래에 있는 터이다. 소산오름에서 보이는 생이동산과 권제오름 사이에 있는 조천이 산천단 앞(동쪽)에 흐르고 있어 장풍의 조건이 갖추어질 수 있는지 생각해 볼 터이다.

소산오름

 제주 관음사

소재 주소 : 제주도 제주시 아라일동 387

내비 주소 : 제주도 제주시 아라일동 387-1

건물 개요 : 조계종 제23교구 본사로 언제, 누가 창건했는지 알려져 있지 않다. 조선 숙종 때 제주목사 이형상이 제주에 잡신이 많다고 하여 사당과 절 5백 동을 폐사시켰을 때 폐허가 되었다. 1912년 비구니 봉려관(蓬廬觀)이 창건한 후 1948년 4월 제주 4·3항쟁으로 전소되었고, 1968년 중창하였다.

풍수 요점 : 정좌 계향(대웅전).

한라산에서 북쪽으로 뻗어 내린 용맥이 봉우리를 만든 다음 그 아래의 능선 끝에 대웅전이 자리 잡았음을 확인할 수 있다. 상당히 높은 곳에 위치했지만 주변이 평탄하여 그리 높은 느낌이 들지는 않는다.

고한조 묘

소재 주소 : 제주도 제주시 아라일동 429

내비 주소 : 제주도 제주시 아라일동 428-3

인물 개요 : 본관은 제주이고, 가선대부원주중군 고한조를 기준으로 아버지 취선-조부 태성으로 이어지는 가계이다. 특이하게 비석 받침 거북등에 팔괘가 새겨져 있다. 묘는 1834년에 현재 자리로 이장하여 부인과 합장되었고, 비석은 1955년에 세운 것이다.

풍수 요점 : 병좌 임향.

세미오름에서 출발한 산줄기가 산천단 뒤의 소산오름을 지나 동쪽의 조천과 서쪽의 신지천을 따라 북쪽으로 흘러온 자리다. 묘 주변은 큰 도로가 생겨 훼손이 아주 심해 풍수적 판단이 불가능한 수준이다.

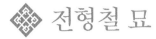 전형철 묘

소재 주소 : 제주도 제주시 아라일동 537

내비 주소 : 제주도 제주시 아라일동 548

인물 개요 : 본관은 담양이고, 장사랑 전형철을 기준으로 아버지 유택-조
부 유년-증조 만추로 이어지는 가계이다. 전남(제주 입도조)의
6세손이다.

풍수 요점 : 병좌 임향.
서삼봉에서 동쪽의 조천을 따라 북쪽으로 내려온 산줄기에 있
는 터이다. 백호는 확실하게 형체가 보이지만 청룡이 상대적
으로 부족하다는 생각이 드는 터이다.

고조기 묘

소재 주소 : 제주도 제주시 아라일동 2464

내비 주소 : 제주도 제주시 아라일동 2457-7(탐라문화회관으로 진입)

인물 개요 : 본관은 제주이고, 고려중서시랑평장사상주국 고조기를 기준으로 아버지 유-조부 말로(末老)로 이어지는 가계이다. 삼성혈 신화에 나오는 제주 고씨 시조 고을나의 48세손이다.

풍수 요점 : 미좌 축향.

제주에서 가장 오래된 방형 묘이다. 서삼봉에서 동쪽의 산지 천과 서쪽의 독사천을 거느리고 내려온 용맥에 자리했다. 내청룡, 내백호가 뚜렷해 묘는 물길에 있는 것처럼 보이나 양쪽 용호 간격이 넓으니 가운데 능선이 있었음을 생각할 수 있다. 제주해양경찰청 건물이 외백호에 해당한다.

 강위량 묘

소재 주소 : 제주도 제주시 연동 1044

내비 주소 : 제주도 제주시 연동 883

인물 개요 : 본관은 진주이고, 통정대부어모장군 강위량을 기준으로 아버
지 붕록-조부 인덕-증조 전우-고조 희량으로 이어지는 가계
이다. 진주 강씨 염통악파 제주 입도조이다.

풍수 요점 : 경좌 갑향.

내룡은 상여오름에서 이어지는데, 청룡과 백호가 눈에 띄기는
하지만 안으로 감싸 주는 것이 부족한 느낌이다. 정면의 수구
가 벌어진 것처럼 보여 장풍의 조건을 갖춘 곳인지 판단이 필
요하다.

김용지·김필방 묘

소재 주소 : 제주도 제주시 연동 산80 / 1039-2

내비 주소 : 제주도 제주시 연동 1028-6

인물 개요 : 본관은 김해이고, 통정대부 김필방을 기준으로 아버지 용지-
조부 계찬-증조 독회-고조 봉-5대조 예(禮)로 이어지는 가계
이다.

풍수 요점 : 건좌 손향(김용지 묘), 신좌 을향(김필방 묘).
상여오름에서 동남방으로 내려온 용맥에 자리 잡은 터이다.
애조로라는 도로가 생기면서 백호가 많이 훼손되었지만 앞으
로 휘감는 모습이 조금 남아 있다.

김후찬·숙부인 송씨 부부 묘

소재 주소 : 제주도 제주시 연동 산100-1

내비 주소 : 제주도 제주시 연동 산100-10

인물 개요 : 본관은 김해이고, 절충장군행용양위부호군 김후찬을 기준으로 아버지 독회-조부 봉-증조 예(禮)-고조 혁-5대조 만희로 이어지는 가계이다. 숙부인 송씨 부인의 본관은 여산이고 송보회의 딸이다.

풍수 요점 : 임좌 병향(좌향 동일).

서쪽에 도근천이 흐르고 노루손이(노루생이)-검은오름으로 이어지는 산줄기에서 북쪽으로 뻗어 나간 용맥에 있다. 김후찬의 묘는 상대적으로 높은 느낌이며, 아래 숙부인 송씨의 묘는 앞에 안산의 형체가 그대로 보이는 기룡혈의 형태로 보인다.

 # 양유성 묘

소재 주소 : 제주도 제주시 연동 산110-1

내비 주소 : 제주도 제주시 연동 110-3

인물 개요 : 본관은 제주이고, 통정대부행보성군수 양유성을 기준으로 아버지 귀격-조부 사종으로 이어지는 가계이다. 삼종파 7세손이다. 탐라사절 중 풍채의 으뜸으로 알려져 있다.

풍수 요점 : 임좌 병향.

검은오름 동남쪽으로 뻗은 용맥의 사면이 채 끝나기 전에 있는 터이다. 급래완수의 편안함이 있고 시야가 탁 트여 검은오름, 어승생, 멀리 한라산을 조산으로 보는 멋진 곳이다.

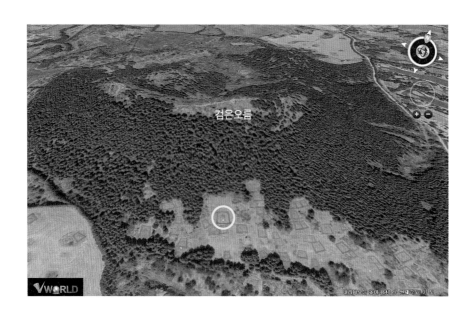

 송두왕 묘

소재 주소 : 제주도 제주시 영평동 2600-1

내비 주소 : 제주도 제주시 영평동 2613-1(조경 농장으로 진입)

인물 개요 : 본관은 여산이고, 가선대부행비서원감승 송두왕을 기준으로 아버지 신-조부 명규-증조 인복-고조 덕보로 이어진 가계이다.

풍수 요점 : 정좌 계향.

불칸디오름에서 동쪽의 화북천과 서쪽의 방천 사이로 길게 끌고 내려온 용맥에 자리 잡은 터이다. 청룡, 백호가 멀리 보국을 만들었으나 상대적으로 높은 느낌이 드는 곳이다.

 전남 묘

소재 주소 : 제주도 제주시 오등동 산52

내비 주소 : 제주도 제주시 오등동 산55(소로를 따라 100m 들어감.)

인물 개요 : 본관은 담양이고, 어모장군행훈련원첨정 전남(田男)을 기준으로 아버지 억추-조부 효윤-증조 적-고조 광옥-7대조 승관으로 이어지는 가계이다. 담양 전씨 제주 입도조이다.

풍수 요점 : 손좌 건향.

서삼봉 주봉에서 출발한 용맥이 청룡과 백호가 교차하며 양쪽의 물이 합쳐져 행도를 멈춘 자리다. 제주도에서 가장 보국이 확실하게 보이며 묘 아래의 수구도 완전히 관쇄되었다.

❖ 강철 묘

소재 주소 : 제주도 제주시 오라동 2603

내비 주소 : 제주도 제주시 오라동 2602

인물 개요 : 본관은 진주이고, 진용교위 강철(姜哲)을 기준으로 아버지 회-
조부 윤(亂)-증조 안수-고조 회중-5대조 시(蓍)로 이어지는
가계이다. 진주 강(姜)씨 제주 입도조이다.

풍수 요점 : 오좌 자향.
동쪽에 있는 한천을 보면 용맥은 민오름(오라)에서 가새기오
름을 거쳐 내려오는 것이 보인다. 조금 거리가 있지만 대로 옆
에 청룡이 보이고 백호의 흔적은 오른쪽에 건물이 있는 지점
에 보인다. 쌍분이 나란하지 않고 부인 묘가 조금 앞으로 내려
가 있는 것이 특징이다.

양정방 묘

소재 주소 : 제주도 제주시 오라이동 798

내비 주소 : 제주도 제주시 오라이동 766-1

인물 개요 : 본관은 제주이고, 문과찰방 양정방을 기준으로 아버지 세한-
조부 자윤-중조 수-고조 회-5대조 중덕으로 이어지는 가계
이다.

풍수 요점 : 계좌 정향.

민오름의 남쪽 사면으로 내려오던 용맥이 평평해지기 시작하
는 곳에 묘가 있다. 등산로 계단 옆의 물길을 보면 내룡을 파
악할 수 있고, 묘 전방의 사격이 수려하고 조산(朝山)인 한라산
의 자태가 멋지다.

숙부인 문씨·고성걸 묘

소재 주소 : 제주도 제주시 오라이동 556/553(옆인데 지번이 다름.)

내비 주소 : 제주도 제주시 오라이동 544

인물 개요 : 본관은 제주이고, 급제 고성걸을 기준으로 아버지 복만으로 이어지는 가계이다. 고이지의 6세손이다. 숙부인 문씨의 본관은 남평이고 고성걸의 어머니다.

풍수 요점 : 경좌 갑향(숙부인 문씨 묘), 유좌 묘향(고성걸 묘).

토천과 흘천을 따라 검은오름에서 민오름으로 내려가던 산줄기에서 동쪽으로 떨어져 용맥에 있는 터이다. 토천 건너편에 월정사가 보이는데 묘를 기준으로 보면 외백호가 환포하는 지형이다.

오수홍·오몽열 묘

소재 주소 : 제주도 제주시 오라이동 816

내비 주소 : 제주도 제주시 오라이동 812-4

인물 개요 : 본관은 군위이고, 어모장군 오수홍을 기준으로 아버지 윤걸-조부 세춘-증조 철순-고조 석현(제주 입도조)으로 이어지는 가계이다. 오몽열(夢說)은 오수홍 아들이다.

풍수 요점 : 임좌 병향(좌향 동일).

민오름에서 동남쪽으로 내려온 산줄기에 있다. 백호는 다소 분명하지 않지만 청룡 쪽 능선 흔적을 보면 안으로 굽으면서 잘 감싸 주는 형태이다. 앞의 하천(토천)이 크게 보면 반배를 하는 모습이 상충된다. 오몽열 묘 앞이 살짝 볼록한 느낌이 드는 것은 생각해 볼 필요가 있다.

 # 제주향교

소재 주소 : 제주도 제주시 용담일동 298-1

내비 주소 : 제주도 제주시 용담일동 298-8

건물 개요 : 제주향교는 1392년(태조 1년) 제주시 교동에 처음 설립되었으며, 이후 몇 차례의 이건(移建)을 거치다가 1827년(순조 27년) 지금의 터로 옮겼다. 대성전과 명륜당이 담장으로 구분되어 따로 지어진 점과 중국 성현들의 아버지를 기리는 사당인 계성사가 있는 것이 특징이다.

풍수 요점 : 유좌 묘향(대성전, 명륜당), 경좌 갑향(계성사).
서쪽의 한천을 공배수(현무봉 뒤로 흐르는 물)로 두고 있는데, 대성전 뒤 육안으로 보이는 작은 골을 주목해야 할 것이다.

이봉림·이계후 묘

소재 주소 : 제주도 제주시 용담이동 1840/1842

내비 주소 : 제주도 제주시 용담이동 1807-1

인물 개요 : 본관은 전주이고, 가선대부 이계후를 기준으로 아버지 은준-
조부 봉림-증조 득춘으로 이어지는 가계이다. 이팽형이 제주
입도조이나 이팽형의 묘는 이장을 한 묘라서 게재 대상이 아
니다. 이팽형 묘 아래 이봉림의 묘가 있다.

풍수 요점 : 진좌 술향(좌향 동일).
제주 시내를 흐르는 흘천을 참고하여 산줄기를 판단해 보면
민오름-가새기오름으로 연결된 곳이다. 이계후의 묘에서 백
호 쪽으로 뻗어 내려가는 능선의 높이와 모양을 감안하면 어
느 정도 분석이 가능할 것이다.

 이득춘 묘

소재 주소 : 제주도 제주시 이호동 1467

내비 주소 : 제주도 제주시 이호동 1466-3

인물 개요 : 본관은 전주이고, 가선대부정사공신 이득춘을 기준으로 아버지 팽형-조부 덕인-증조 회로 이어지는 가계다. 성종대왕 아들 계성군의 5세손이다.

풍수 요점 : 사좌 해향.

광이오름에서 상여오름을 거쳐 북쪽으로 원장천과 이호천 사이로 내려온 산줄기의 끝자락이다. 청룡 능선의 형태는 뚜렷한데 거리가 조금 먼 편이고 백호 능선은 형체가 미약하기는 하나 끝에 작은 마무리 흔적이 보인다. 수구처에 건물이 없다면 바다가 훤히 보일 터이다.

의인 김씨·고홍진·고찬 묘

소재 주소 : 제주도 제주시 해안동 35-83 / 35-71 / 35-58

내비 주소 : 제주도 제주시 해안동 35-56

인물 개요 : 본관은 제주이고, 통정대부행성균관전적 고홍진을 기준으로
아버지 정순으로 이어지는 가계이다. 고말로의 32세손, 고귀
남의 현손이다. 뒤쪽(35-83번지)에는 고홍진의 생모 의인 김씨
묘, 앞쪽(35-65번지)에는 고홍진의 손자 통정대부 고찬의 묘가
있다. 고홍진은 탐라사절 중 풍수의 대가로 알려져 있다.

풍수 요점 : 미좌 축향(좌향 동일).

어승생악에서 동쪽에 있는 도근천을 따라 내려온 용맥의 경사
가 마무리되는 지점에 있다. 외청룡, 외백호가 조금 멀지만 잘
감싸고 있어 큰 문제는 없는 터이다.

고득준·고원발 묘

소재 주소 : 제주도 제주시 해안동 838/839

내비 주소 : 제주도 제주시 해안동 832

인물 개요 : 본관은 제주이고, 가선대부 고원발을 기준으로 아버지 득준-
조부 태보-증조 의남-고조 윤석으로 이어지는 가계이다. 청
룡 쪽 단분(單墳)이 고득준 묘이다.

풍수 요점 : 곤좌 간향(좌향 동일).
눈오름-당동산으로 이어진 용맥이 도근천을 만나 멈춘 자리
다. 묘역에서 보면 청룡 쪽 도로 위의 밭이 외청룡이 되는데
높이와 길이가 충분한 반면 백호는 형체와 높이가 눈에 띄지
않을 정도로 조금 부족하다.

고응길 묘

소재 주소 : 제주도 제주시 해안동 859

내비 주소 : 제주도 제주시 해안동 832

인물 개요 : 본관은 제주이고, 통정대부상시첨정 고응길을 기준으로 아버지 사달-조부 이의로 이어지는 가계이다.

풍수 요점 : 정좌 계향.

눈오름을 출발한 용맥이 당동산을 거치면서 동쪽의 도근천과 서쪽의 어시천 사이로 내려와 평평하게 만들어진 터이다. 묘 뒤쪽으로 약간 언덕이 있다. 묘 주변은 변형이 심해 판단이 쉽지 않지만 청룡 쪽으로 희미하게 팔을 벌린 흔적이 보인다.

◈ 부계원 묘

소재 주소 : 제주도 제주시 화북동 599

내비 주소 : 제주도 제주시 화북동 602-1(농장 문으로 진입)

인물 개요 : 본관은 제주이고, 유향좌수 부계원을 기준으로 아버지 종형-
조부 도천-증조 행신-고조 만웅으로 이어지는 가계이다. 부삼
노의 14세손이다.

풍수 요점 : 오좌 자향.

부록천과 삼수천을 따라 산신동산-감투동산으로 이어지는 용
맥이 대락동산에 가기 전에 따로 자리 잡은 곳이다. 청룡과 백
호가 가까이에서 작은 보국을 만들었으며 앞의 밭을 보면 백
호 능선이 길게 내려와 있었음을 알 수 있다.

양종창 묘

소재 주소 : 제주도 제주시 화북이동 2741

소재 주소 : 제주도 제주시 화북이동 2741

인물 개요 : 본관은 제주이고, 향공진사 양종창을 기준으로 아버지 효렴-
조부 용협-증조 도혁-고조 유영(維嶸)으로 이어지는 가계이다.

풍수 요점 : 정좌 계향.

서쪽의 화북천과 함께 멀리 행도한 용맥을 동쪽에서 따라오던
부록천이 앞을 가로막으면서 만들어진 자리다. 청룡과 백호의
흔적이 보이고 특히 백호가 대로까지 내려와 굽은 모양이 보
인다.

고봉례 부부 묘(추정)

소재 주소 : 제주도 제주시 화북이동 3402

내비 주소 : 제주도 제주시 화북이동 3404

인물 개요 : 본관은 제주이고, 아버지 신걸로 이어지는 가계이다. 중시조 말로의 14세손이다. 추정 고봉례 부부 묘로, 거로능동산 방묘라고 부르기도 한다.

풍수 요점 : 임좌 병향.

묘가 위치한 곳은 능동산이고 산줄기는 대락동산에서 내려온 것이다. 청룡 쪽은 거리가 조금 멀지만 형체나 높이가 뚜렷하며 백호 쪽은 하천이 멀리 보일 정도로 허전하다. 특히 앞에 흐르는 부록천이 완전히 반궁수의 형태이다.

贈정부인 김씨 묘

소재 주소 : 제주도 제주시 화북이동 5707

내비 주소 : 제주도 제주시 화북이동 5708-2

인물 개요 : 贈정부인 김씨 부인의 본관은 김해이다. 거창 신씨 증통정대
부호조참의 신일성 처이다. 다섯 아들을 두었다(필창, 수창, 진
창, 운창, 부창).

풍수 요점 : 미좌 축향.

불칸디오름에서 동쪽의 화북천과 서쪽의 방천 사이로 길게 끌
고 내려온 용맥에 자리 잡은 곳이다. 뒤쪽은 현무의 흔적이 뚜
렷하고 보국이 크며 밭을 포함해서 전체적으로 평평한 지형이
라서 풍수적 판단이 쉽지 않은 터이다.

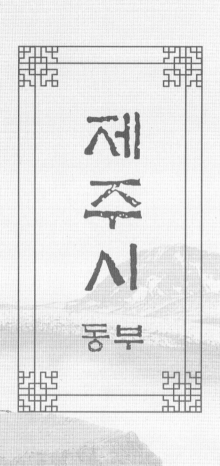

제주시

동부

정실 본향당

소재 주소 : 제주시 오라이동 649-3번지(안내판 있음.)

제주도에서 마을을 지켜 주는 수호신을 모신 신당(神堂)을 본향당이라 부른다. 토지나 주민의 생사화복 등 제반 사항을 수호하는 신을 모시는 장소로, 지역 사회와 주민의 단결을 이끄는데도 큰 역할을 한다. 정실 본향당에는 하르방과 할망 부부의 신을 모시는데, 변란 중에도 이곳에 피신한 마을 주민은 희생되지 않았다고 전해진다. 본향당 옆에는 옥련천이라 부르는 샘이 있어 마을 주민들의 식수원이 되기도 하였다.

황순웅 묘

소재 주소 : 제주도 제주시 구좌읍 김녕리 2325

내비 주소 : 제주도 제주시 구좌읍 김녕리 2327

인물 개요 : 본관은 창원이다. 통정대부 황순웅을 기준으로 아버지 기홍으로 이어지는 가계이다. 제주 입도조 황로의 6세손이다.

풍수 요점 : 자좌 오향.

남쪽에 있는 묘산봉에서 서쪽으로 출발한 산줄기가 북쪽으로 방향을 바꿔 내려가다가 바다가 가까워지면서 다시 바다를 등져서 횡룡입수 회룡고조형의 터라고 생각하고 선택한 자리로 추정된다. 주변보다 상대적으로 높이 올라앉은 자리여서 장풍의 조건이 갖추어졌는지 분석을 해야 할 터이다.

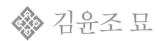 김윤조 묘

소재 주소 : 제주도 제주시 구좌읍 김녕리 2724

내비 주소 : 제주도 제주시 구좌읍 김녕리 2784-6

인물 개요 : 본관은 광산이고, 고려 예부의랑 김윤조를 기준으로 아버지
　　　　　　 광재-조부 태현-증조 수-고조 경량-5대조 광세로 이어지는
　　　　　　 가계이다. 광산 김씨 제주 입도조이다.

풍수 요점 : 해좌 사향.
　　　　　　 내룡은 거문오름-북오름-묘산봉으로 이어져 회룡고조형으로
　　　　　　 볼 수 있다. 앞의 조산은 환포하는 형태지만 거리가 조금 멀어
　　　　　　 아쉬움이 있으니 가까이에 내청룡과 내백호가 있어야 하는 지
　　　　　　 형이다.

임경신 묘

소재 주소 : 제주도 제주시 구좌읍 김녕리 2825

내비 주소 : 제주도 제주시 구좌읍 김녕리 2065(도로 서쪽 50m 안쪽에 있음.)

인물 개요 : 본관은 풍천이고, 가선대부 임경신을 기준으로 아버지 응창-
조부 공-증조 익지-고조 현-5대조 몽신으로 이어진 가계이다.

풍수 요점 : 미좌 축향.
내룡은 거문오름-북오름-주체오름-어대오름으로 이어지며,
숲이 우거져 판단이 쉽지 않다. 화산 분화로 지형이 바뀐 것을
감안하더라도 청룡이 빈약한 느낌이 드는 곳이다.

✦ 임응창 묘

소재 주소 : 제주도 제주시 구좌읍 김녕리 산97-2

내비 주소 : 제주도 제주시 구좌읍 김녕리 851(동쪽 산길로 200m 들어감.)

인물 개요 : 본관은 풍천이고, 이조정랑 임응창을 기준으로 아버지 공-조
부 익지-증조 현-고조 몽신으로 이어지는 가계이다. 풍천 임
(任)씨 제주 입도조이다.

풍수 요점 : 사좌 해향.

용맥이 거문오름-북오름-주체오름-어대오름으로 이어지는
터이다. 양옆의 청룡과 백호, 그리고 앞산이 잘 감싸 주어 장
풍의 조건이 갖추어진 곳으로 판단할 수 있다. 멀리 묘산봉과
입산봉을 조산(朝山)으로 두고 있다. 산담이 2중으로 되어 있
고 묘의 규모가 대단히 웅장하다.

정희관 묘

소재 주소 : 제주도 제주시 구좌읍 덕천리 532-1

내비 주소 : 제주도 제주시 구좌읍 덕천리 532-4

인물 개요 : 본관은 동래이고, 가의대부행용양위부호군 정희관을 기준으로 아버지 종지-조부 홍문-증조 응경으로 이어지는 가계이다. 외조부는 양신남이다.

풍수 요점 : 병좌 임향.

남쪽의 어대오름(어두름)에서 이어지는 산줄기이며, 묘 바로 뒤가 밭으로 개간되어 있으나 내룡의 흔적은 보인다. 주변의 사격이 그리 높지 않고 청룡과 백호의 거리도 멀어 장풍의 조건이 갖추어지지 않은 것으로 판단된다.

어대오름

✦ 좌형소 묘

소재 주소 : 제주도 제주시 구좌읍 덕천리 산103-1

내비 주소 : 제주도 제주시 구좌읍 덕천리 산104(제주 부씨 묘역이 보이면 왼쪽 밭을 따라가야 함.)

인물 개요 : 본관은 청주이고, 통정대부 좌형소를 기준으로 아버지 성보로 이어지는 가계이다. 아들 자이-손자 평천-증손 구지-현손 한기이다. 좌씨는 본래 중국 성씨로 춘추전국시대 노(魯) 나라의 좌구명(左丘明)을 원시조로 삼고 있으며, 좌구명의 67대손인 좌형소가 한국 청주 좌씨의 시조이자 제주 입도조이다.

풍수 요점 : 건좌 손향.

천미천을 참고하여 묘로 이어지는 용맥을 파악해 보면 부대악-거문오름으로 추정된다. 전체적으로 큰 보국이 만들어졌고 기룡혈 형태로 묘 앞에 단아한 봉우리가 있는 것이 특징이다.

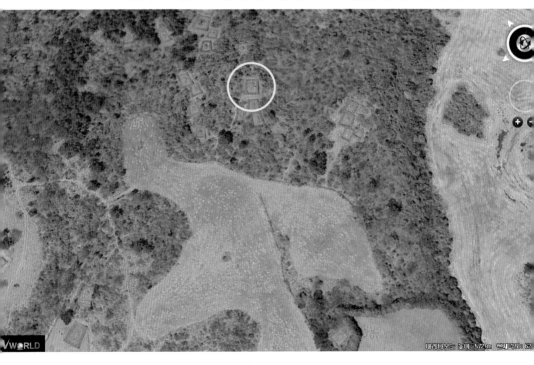

송응황 묘

소재 주소 : 제주도 제주시 구좌읍 덕천리 산103-1

내비 주소 : 제주도 제주시 구좌읍 덕천리 1758

인물 개요 : 본관은 여산이고, 가선대부 송응황을 기준으로 아버지 인무-
조부 신량-증조 순으로 이어지는 가계이다. 옆에는 아들 송흡
의 묘가 있다.

풍수 요점 : 술좌 진향.

거문오름에서 뒤쪽의 부씨 묘역을 지나며 이어지는 산줄기다.
현재는 청룡, 백호가 보국을 만든 흔적이 보이지 않으나 앞쪽
밭 가운데 묘 있는 자리가 청룡, 백호에서 이어진 봉우리 흔적
임을 감안해서 분석해야 한다.

김월남 묘

소재 주소 : 제주도 제주시 구좌읍 동복리 183

내비 주소 : 제주도 제주시 구좌읍 동복리 31

인물 개요 : 본관은 김해이고, 통정대부 김월남을 기준으로 아버지 이숙-
조부 국옥-증조 대복-고조 안방으로 이어지는 가계이다. 제
주 입도조 김만희의 11대손(비석에 내용 있음.)이다.

풍수 요점 : 신좌 인향.

묘로 이어지는 용맥은 벌러진동산에서 내려오는 것으로 추정
된다. 청룡은 나지막해서 눈에 잘 띄지 않으나 묘로 들어오는
도로의 백호는 청룡에 비하여 상대적으로 형태가 확실히 보여
보국이 갖추어졌다.

한부혁 묘

소재 주소 : 제주도 제주시 구좌읍 동복리 1095

내비 주소 : 제주도 제주시 구좌읍 동복리 1097

인물 개요 : 본관은 청주이고, 학생 한부혁을 기준으로 아버지 초번-조부
인적-증조 행남으로 이어지는 가계이다. 제주 입도조 한천의
15세손이다.

풍수 요점 : 정좌 계향.

벌러진동산에서 북쪽으로 뻗은 용맥에 있는 자리다. 청룡이나
백호가 뚜렷한 능선의 형체는 보이지 않으나 앞쪽으로 바다가
보일 듯 말 듯 능선이 가려져 안온하게 느껴지는 터이다.

 오상백 묘

소재 주소 : 제주도 제주시 구좌읍 세화리 3180

내비 주소 : 제주도 제주시 구좌읍 세화리 3179

인물 개요 : 본관은 군위이고, 유향좌수 오상백을 기준으로 아버지 사업-
조부 덕례로 이어지는 가계이다. 제주 입도조 오석현의 8세손
이다.

풍수 요점 : 신좌 인향.

묘가 있는 곳은 돛오름에서 뻗어 나온 용맥이 비자림을 지나
서 내려오는 것으로 추정된다. 묘역은 약간 올라앉은 느낌이
들지만 주변의 야트막한 산들이 보국을 잘 만들었다.

김계술 묘

소재 주소 : 제주도 제주시 구좌읍 송당리 산67-1

내비 주소 : 제주도 제주시 구좌읍 송당 1853-2

인물 개요 : 본관은 광산이고, 통덕랑선략장군 김계술을 기준으로 아버지
는 치용-조부 경봉-증조 수진-고조 세응으로 이어지는 가계
이다. 제주 입도조 김윤조의 10세손이다.

풍수 요점 : 임좌 병향.

내룡은 안돌오름-빗돌오름으로 이어져 서소모루로 이어지는
터이다. 청룡방에 당오름이 단아하게 바라보고 있고 앞쪽의
괭이모루가 막아 주는 것은 좋다. 묘가 있는 서소모루가 마치
초승달이나 활처럼 굽어 있는 모양이며, 그 휘어진 끝자락에
묘가 있음을 감안하고 분석해야 할 곳이다.

서소모루

김겸·김운추 묘

소재 주소 : 제주도 제주시 구좌읍 송당리 산72

내비 주소 : 제주도 제주시 구좌읍 송당리 산73-1

인물 개요 : 본관은 경주이고, 어모장군 김운추를 기준으로 아버지 겸-조부 자신-증조 계수-고조 용신-5대조 검룡(제주 입도조)으로 이어지는 가계이다. 부자의 묘가 40m 정도 옆으로 떨어져 있다.

풍수 요점 : 해좌 사향(좌향 동일).

밧돌오름의 중턱 경사면에 안돌오름과 거슨세미가 백호 역할을 한다. 하지만 앞이 탁 트여 멀리 있는 아부오름, 백약이오름, 높은오름 등이 내려다보이니 장풍에 대한 분석이 필요한 자리이다.

부세영 묘

소재 주소 : 제주도 제주시 구좌읍 송당리 산73-2

내비 주소 : 제주도 제주시 구좌읍 송당리 산73-1

인물 개요 : 본관은 제주이고, 어모장군 부세영을 기준으로 아버지 유렴-
조부 삼노-증조 상종-고조 득시-5대조 언경(중시조)으로 이
어지는 가계이다. 각(恪), 협(悏), 열(悅), 신(愼), 핍(愊), 홍(弘)
의 여섯 아들이 파시조가 된다.

풍수 요점 : 해좌 사향.
밧돌오름에서 동남방으로 내려온 중턱의 경사면에 묘가 있다.
백호는 안돌오름과 거슨세미가 역할을 하며 앞쪽은 여러 오름
이 내려다보일 정도로 트여 있다. 장풍에 대해서 분석이 필요
한 자리이다.

안돌오름   밧돌오름

 숙인 허씨·부시견 묘

소재 주소 : 제주도 제주시 구좌읍 송당리 산78

내비 주소 : 제주도 제주시 구좌읍 송당리 2053

인물 개요 : 숙인 허씨 부인의 본관은 양천이고, 어모장군 부세영 처로 부
　　　　　　 시견의 5대 조모이다. 부시견의 본관은 제주이고, 병절교위
　　　　　　 부시견을 기준으로 아버지 경길-조부 응호-증조 대기-고조
　　　　　　 열-5대조 세영으로 이어지는 가계이다.

풍수 요점 : 계좌 정향(숙인 허씨 묘), 자좌 오향(부시견 묘).
　　　　　　 체오름에서 남쪽으로 뻗어 나온 용맥의 평평해지는 곳에 있는
　　　　　　 터이다. 안돌오름, 거슨세미, 알선족이오름, 가메옥, 거문오름
　　　　　　 등이 둘러싸서 큰 보국이 만들어졌다. 평안하면서도 웅장한
　　　　　　 느낌이 드는 곳이다.

안돌오름

김순흥 묘

소재 주소 : 제주도 제주시 구좌읍 송당리 산140-2

내비 주소 : 제주도 제주시 구좌읍 송당리 2418-5(도로변 출입문)

인물 개요 : 본관은 김해이고, 아들 윤비 - 손자 천병으로 이어지는 가계이다.

풍수 요점 : 자좌 오향.

천미천 북쪽의 부대악-거문오름-거슨세미(세미오름)로 이어지는 용맥으로 추정된다. 묘는 웃선족이오름 남쪽 경사면에 있다. 청룡과 백호가 부담을 주지 않을 만큼 적당한 높이와 거리이고 정면에는 성불오름, 청룡방에는 민오름과 비치미오름이 조응을 해 주어 안온한 느낌이 드는 곳이다.

 부명현 묘

소재 주소 : 제주도 제주시 구좌읍 송당리 산147

내비 주소 : 제주도 제주시 구좌읍 송당리 2206(산길로 들어감.)

인물 개요 : 본관은 제주이고, 겸사복 부명현을 기준으로 아버지 상필-조
부 광옥-증조 대봉-고조 협-5대조 세영으로 이어지는 가계이
다. 부언경의 11세손, 부삼노의 8세손이다.

풍수 요점 : 병좌 임향.

거슨세미에서 서쪽으로 내려간 산줄기가 북쪽으로 방향을 바
꿔 북쪽의 체오름을 바라보는 능선에 묘가 있다. 청룡과 백호
가 잘 갖추어졌으니 수구를 찾아보고 수구의 바람에 대하여
분석을 해야 할 터이다.

 허손 묘

소재 주소 : 제주도 제주시 구좌읍 종달리 2413

내비 주소 : 제주도 제주시 구좌읍 종달리 2426-2

인물 개요 : 본관은 양천이고, 대제학 허손(許蓀)을 기준으로 아버지 흠-조
부 강-증조 백-고조 관으로 이어지는 가계이다. 양천 허씨 제
주 입도조이다.

풍수 요점 : 신좌 인향.

알오름에서 북동쪽으로 뻗어 나간 용맥이 나지막한 봉우리를
만들었으며, 상대적으로 약간 높은 느낌도 든다. 묘 바로 뒤
양옆에 능선처럼 볼록한 흔적이 있어 마치 골에 있는 묘처럼
보이지만, 앞쪽 농경지를 보면 보국이 잘 만들어진 능선의 흔
적이 보이고 멀리 지미봉이 안정감을 준다.

 오익병 묘

소재 주소 : 제주도 제주시 구좌읍 종달리 3046-1

내비 주소 : 제주도 제주시 구좌읍 종달리 3046-1

인물 개요 : 본관은 군위이고, 유향좌수 오익병을 기준으로 아버지 언붕-
조부 수의로 이어지는 가계이다. 제주 입도조 오석현의 6대손
이다.

풍수 요점 : 유좌 묘향.
남쪽에 있는 알오름에서 북쪽으로 뻗어 나간 용맥이 동쪽으로
방향을 바꾼 터로 추정된다. 멀리서 알오름의 산줄기가 백호
역할을 하고, 청룡은 높지 않으나 앞을 감싸 안는 형상이다.

김검룡 묘

소재 주소 : 제주도 제주시 구좌읍 종달리 3516

내비 주소 : 제주도 제주시 구좌읍 종달리 산8-1

인물 개요 : 본관은 경주이고, 용익순위우령산원행훈련원도감 김검룡을 기준으로 아버지 인찬-조부 존일-증조 천익-고조 일성-5대조 문제로 이어지는 가계이다. 신라 경순왕의 넷째 왕자 안동군 김은열(金殷說)의 16세손, 김녕군 김시흥(金時興)의 10세손이다. 경주 김씨 제주 입도조이다.

풍수 요점 : 유좌 묘향.

주변에 하천이나 개울이 없어 내룡이 윤드리오름에서 이어진 것인지 알오름에서 온 것인지 판단이 되지 않는다. 묘소 주변도 전반적으로 평지여서 육안으로 풍수를 분석할 수 없다.

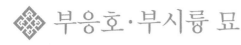 부응호·부시릉 묘

소재 주소 : 제주도 제주시 구좌읍 평대리 1030/1034

내비 주소 : 제주도 제주시 구좌읍 평대리 1025-1(옆 농로로 진입)

인물 개요 : 본관은 제주이고, 어모장군훈련원판관통정대부 부시릉을 기준으로 아버지 경길-조부 응호-증조 대기-고조 열-5대조 세영-6대조 유렴으로 이어지는 가계이다.

풍수 요점 : 술좌 진향(부응호 묘), 유좌 묘향(부시릉 묘).

세화서길천을 참고로 묘의 용맥을 유추해 보면 둔지봉에서 내려온 것으로 생각된다. 묘역이 약간 높은 느낌이 들지만 주변 지형의 높낮이를 면밀히 살펴보면 부응호 묘와 부시릉 묘 각각의 보국이 만들어졌음을 알 수 있다.

김국현 묘

소재 주소 : 제주도 제주시 구좌읍 평대리 2911

내비 주소 : 제주도 제주시 구좌읍 평대리 3220

인물 개요 : 본관은 광산이고, 처사 김국현을 기준으로 아버지 장명-조부 남중-증조 시황-고조 여창으로 이어지는 가계이다. 뒤에 있는 아버지 김장명 묘는 이장한 묘이다.

풍수 요점 : 곤좌 간향.

묘의 용맥은 남서쪽의 돗오름에서 비자림을 지나서 연결되는 것으로 추정된다. 청룡보다는 백호가 더 뚜렷하게 보국을 만들었고 아늑한 느낌이 드는 곳이다.

김계찬·숙인 밀양 박씨 묘

소재 주소 : 제주도 제주시 구좌읍 하도리 1012

내비 주소 : 제주도 제주시 구좌읍 하도리 1003

인물 개요 : 본관은 김해이고, 어모장군사복시정 김계찬을 기준으로 아버지 독회-조부 봉-증조 예-고조 혁으로 이어지는 가계이다.

풍수 요점 : 유좌 묘향(좌향 동일).

용맥을 확인할 하천이나 개울이 없어 윤드리오름에서 이어진 것인지 알오름에서 온 것인지 판단이 되지 않는 곳이다. 묘 뒤 입수 부분이 최근에 밭을 만들면서 많이 훼손되었다. 주변은 청룡이 겹겹이 감싸 주는 형태이며 정면에는 지미봉이 조산으로 우뚝 솟아 있다.

고성엽 묘

소재 주소 : 제주도 제주시 구좌읍 한동리 4413

내비 주소 : 제주도 제주시 구좌읍 한동리 4414

인물 개요 : 본관은 제주이고, 통정대부 고성엽을 기준으로 아버지 신현-
조부 익겸-증조 세준으로 이어지는 가계이다.

풍수 요점 : 자좌 오향.

둔지봉의 동쪽 경사면이 끝나고 평평해지는 곳에 있는 터이
다. 둔지봉을 백호로 두고 남향이며 청룡방으로 묘 바로 옆에
형체가 뚜렷한 능선이 있어 능선의 비탈면에 있는 것으로 보
인다.

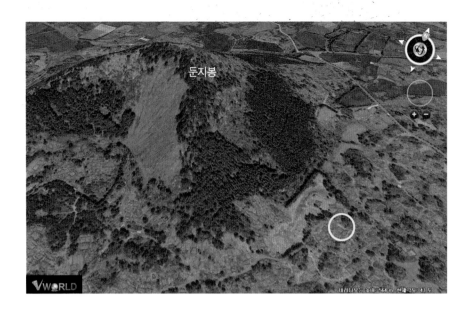

둔지봉

 김원산 묘

소재 주소 : 제주도 제주시 구좌읍 한동리 산33

내비 주소 : 제주도 제주시 구좌읍 한동리 4323(맞은편)

인물 개요 : 본관은 김해이고, 통정대부 김원산을 기준으로 아버지 봉천-
조부 이언-증조 신방-고조 용지-5대조 계찬으로 이어지는 가
계이다.

풍수 요점 : 곤좌 간향.
둔지봉(한동) 북동쪽 경사면의 끝자락에 있다. 청룡과 백호 양
쪽에 각각 봉우리와 능선이 있고 묘 뒤로는 과협처 형상이 있
어 외관상 물길로 보이는 터이다.

박봉주 묘

소재 주소 : 제주도 제주시 구좌읍 한동리 산79

내비 주소 : 제주도 제주시 구좌읍 한동리 4424(한동리 공동묘지 안에 있음.)

인물 개요 : 본관은 밀양이고, 처사 박봉주를 기준으로 아버지 무신으로
이어지는 가계이다. 제주 입도조 박상준의 7세손이다.

풍수 요점 : 곤좌 간향.

　　　　돗오름에서 둔지봉으로 내려가던 산줄기가 중간에서 용맥 하
나를 나눈 자리이다. 현무봉이 눈에 띄고, 둔지봉이 청룡으로
우뚝 솟아 있으며, 백호는 나지막한 능선으로 되어 있다.

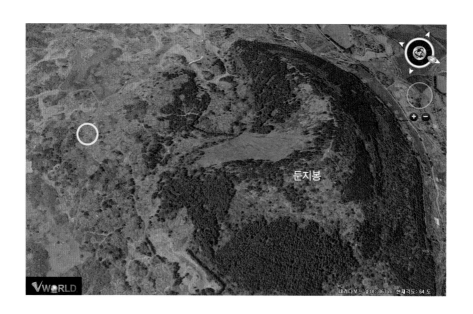

둔지봉

 송충운 묘

소재 주소 : 제주도 제주시 조천읍 교래리 산63

내비 주소 : 제주도 제주시 조천읍 교래리 715-3(연학목장을 통해 들어감.)

인물 개요 : 본관은 여산이고, 지신공파이다. 통운대부병절교위 송충운을
기준으로 아버지 송남(제주 입도조)으로 이어지는 가계이다.
시조 송유익의 14세손, 송린의 9세손이다.

풍수 요점 : 묘좌 유향.

묘는 천미천 북쪽 민오름-늪서리로 이어져 가던 산줄기에서
떨어져 나온 돔배오름 안에 있다. 둥글게 감싼 청룡과 백호의
형체가 뚜렷한데 수구가 정면에 있는 듯한 것이 장풍에 영향
을 주지 않는지 분석해 볼 터이다.

돔배오름

김용현 묘

소재 주소 : 제주도 제주시 조천읍 교래리 산64

내비 주소 : 제주도 제주시 조천읍 교래리 715-3(연학목장을 통해 들어감.)

인물 개요 : 본관은 김해이고, 통정대부 김용현을 기준으로 아버지 처홍-조부 만-증조 차관-고조 생남으로 이어지는 가계이다. 김목경의 15세손, 김돈의 7세손이다.

풍수 요점 : 인좌 신향.

묘는 천미천 북쪽 민오름-늪서리로 이어져 가던 산줄기에서 떨어져 나온 돔배오름의 북쪽 능선 끝자락에 있다. 멀리 조산(祖山)인 한라산이 보이는 회룡고조형으로 연학목장이 내려다 보인다. 청룡이 짧게 마무리되었고 백호가 없어 아쉬움이 남는 터이다.

돔배오름

 김기유 묘

소재 주소 : 제주도 제주시 조천읍 교래리 산77

내비 주소 : 제주도 제주시 조천읍 교래리 733-6(개울 건너 산길로 진입)

인물 개요 : 본관은 김해이고, 현감 김기유를 기준으로 아버지 종보(생부 종식)-조부 익철-증조 덕찰로 이어지는 가계이다.

풍수 요점 : 유좌 묘향.

넙거리오름(교래)에서 천미천을 서쪽에 두고 북동쪽으로 뻗어 내린 산줄기에 있는 터이다. 내룡의 형상은 뚜렷하게 보이나 청룡과 백호는 흔적이 부족하다.

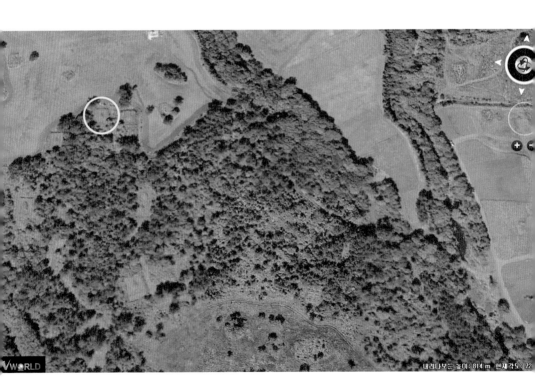

박노식 묘

소재 주소 : 제주도 제주시 조천읍 교래리 산126-1

내비 주소 : 제주도 제주시 조천읍 교래리 산126-7

인물 개요 : 본관은 밀양이고, 학생 박노식을 기준으로 아버지 춘래-조부 준엽-증조 영진-고조 광윤으로 이어지는 가계이다. 박충원의 12세손이다.

풍수 요점 : 유좌 묘향.

남쪽에 흐르는 천미천을 보면 용맥은 태역장오리(태역장올)에서 이어지는 것으로 생각된다. 현무봉이 뚜렷하고 용호가 보국을 잘 만들어 매우 안정적인 느낌을 주는 터이다.

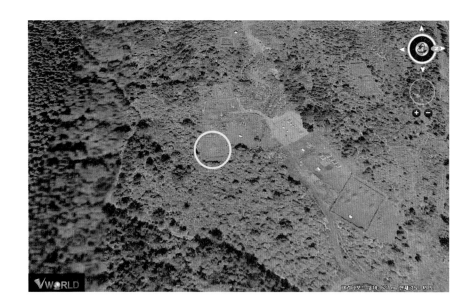

◈ 유인 백씨·홍효손 묘

소재 주소 : 제주도 제주시 조천읍 대흘리 산33 / 산33-1

내비 주소 : 제주도 제주시 조천읍 대흘리 1232

인물 개요 : 유인 백씨 부인의 본관은 수원이다. 남양 홍씨 홍성윤 처로 홍
성윤 기준으로 조부 의선-증조 봉-고조 정중으로 이어지는 가
계이다. 옆에는 이장한 홍효손 묘역이 있다(옛 묘의 석물을 볼
수 있음). 어모장군 홍효손을 기준으로 아버지 사원-조부 언박
으로 이어지는 가계이다.

풍수 요점 : 곤좌 간향(유인 백씨 묘), 오좌 자향(홍효손 묘).
꾀꼬리오름에서 이어지는 용맥이다. 유인 백씨 묘는 청룡 능
선이 앞을 막아 주어 수구가 가려져 보이나 홍효손 묘역은 수
구가 정면에 있어서 바람의 영향이 있고, 상대적으로 높은 느
낌이 드는 곳이다.

차운복 묘

소재 주소 : 제주도 제주시 조천읍 대흘리 1287

내비 주소 : 제주도 제주시 조천읍 대흘리 1296

인물 개요 : 본관은 연안이고, 통정대부 차운복을 기준으로 아버지 성언-
조부 정수-증조 차혁-고조 덕업-5대조 기선으로 이어지는 가
계이다. 제주 입도조 순행공의 8세손이다.

풍수 요점 : 오좌 자향.

세미오름(대흘)에서 북서쪽으로 뻗어 나간 용맥에 있다. 외청
룡이 길게 앞으로 나가면서 수구를 막아 주었다. 백호는 높이
가 다소 낮지만 장풍의 역할은 무난하게 할 수 있을 것으로 판
단되는 터이다.

 김명순 묘

소재 주소 : 제주도 제주시 조천읍 신촌리 3395

내비 주소 : 제주도 제주시 조천읍 신촌리 3395

인물 개요 : 본관은 김해이고, 통정대부 김명순을 기준으로 아버지 덕만-
조부 종-4대조 용남으로 이어지는 가계이다. 김경신의 18세
손이다.

풍수 요점 : 손좌 건향.

묘 서쪽 가까이에 있는 문서천을 따라 용맥을 추적해 보면 큰
노루손이오름에서 내려오는 것으로 판단된다. 묘가 바닷가에
있어 장풍의 조건이 갖추어지기 쉽지 않으나 앞쪽의 정자가
있는 곳이 안산이 된다면 기룡혈이 될 수 있고 해변으로 돌출
된 능선 흔적들이 청룡과 백호를 유추할 수도 있을 것이다.

김만택 묘

소재 주소 : 제주도 제주시 조천읍 와산리 92

내비 주소 : 제주도 제주시 조천읍 와산리 299-1(등성이 밭을 통해 진입)

인물 개요 : 본관은 김해이고, 사과 김만택을 기준으로 아버지 석홍-조부
법손-증조 형수 - 고조 현으로 이어지는 가계이다.

풍수 요점 : 오좌 자향.

꾀꼬리오름(원오름)에서 출발한 용맥이 두툼한 덩치를 유지하
며 내려와서 능선 끝나는 모습이 뚜렷하게 멈춘 자리다. 멀지
만 외백호가 감싸고 외청룡도 안으로 굽어 주며 수구 바람을
막아 줄 틀은 만들어진 곳이다.

 고유충 묘

소재 주소 : 제주도 제주시 조천읍 와산리 485

내비 주소 : 제주도 제주시 조천읍 와산리 484

인물 개요 : 본관은 제주이고, 증통훈대부장락원정 고유충을 기준으로 아
버지 득윤-조부 응길-증조 사달-고조 이의로 이어지는 가계이
다. 고조기의 21세손, 고득종의 8세손이다.

풍수 요점 : 유좌 묘향.

제주도의 오름치고는 높지 않은 당오름(와산)에 묘가 있다. 묘
뒤 밭으로 개간된 위쪽에 현무 형태의 봉우리가 있고 앞쪽은
평평한 지형이다. 조금 멀지만 청룡과 백호도 있으니 나쁘지
않은 터로 보인다.

한상기 묘

소재 주소 : 제주도 제주시 조천읍 와산리 1145

내비 주소 : 제주도 제주시 조천읍 와산리 1147-1

인물 개요 : 본관은 청주이고, 통정대부 한상기를 기준으로 아버지 필후-
　　　　　조부 차발-증조 무일-고조 행남으로 이어지는 가계이다. 한
　　　　　서재의 17세손이다.

풍수 요점 : 정좌 계향.

　　　　　당오름(와산)에서 북쪽으로 내려가던 산줄기에 있는 터이다.
　　　　　묘 앞에서 능선이 끝나는 모양이 뚜렷하지만 청룡 쪽 능선들
　　　　　은 모두 마무리되는 듯해서 감싸 준다는 느낌이 부족하다. 앞
　　　　　쪽은 낮아져서 멀리까지 훤히 보이는 지형이다.

 김순병 묘

소재 주소 : 제주도 제주시 조천읍 와흘리 1151

내비 주소 : 제주도 제주시 조천읍 와흘리 1149

인물 개요 : 본관은 김해이고, 통정대부 김순병을 기준으로 아버지 기혁-
조부 종곤-중조 남철로 이어지는 가계이다.

풍수 요점 : 병좌 임향.

묘는 구그네오름(가시네오름)에서 이어지는 용맥에 있는 것으
로 추정된다. 외청룡이 앞쪽으로 돌면서 크게 울타리를 만들
었고 외백호가 짧지만 튼실하게 뻗어 수구가 관쇄되게 보국이
갖추어진 자리이다. 제주도에서는 흔치 않게 육안으로 확실하
게 보국이 확인되는 터이다.

강이영 묘

소재 주소 : 제주도 제주시 조천읍 와흘리 1757

내비 주소 : 제주도 제주시 조천읍 와흘리 1758

인물 개요 : 본관은 신천이고, 처사 강이영을 기준으로 아버지 신채-조부 만기-증조 홍욱-고조 태관으로 이어지는 가계이다. 제주 입도 조 강영의 13세손이다.

풍수 요점 : 을좌 신향.

서쪽에 있는 동회천을 참고로 파악한 용맥은 구그네오름에서 내려오는 것으로 추정된다. 백호 쪽은 건물들 때문에 흔적이 보이지 않으나 청룡의 흔적은 좌측의 귤밭에 많이 남아 있다.

❖ 강영 묘

소재 주소 : 제주도 제주시 조천읍 조천리 119

내비 주소 : 제주도 제주시 조천읍 조천리 119

인물 개요 : 본관은 신천이고, 자헌대부행전라도감사 강영을 기준으로 아버지 윤휘-조부 소-증조 숙재-고조 득함으로 이어지는 가계이다. 신천 강(康)씨 제주 입도조이다.

풍수 요점 : 경좌 갑향.

　　　　내룡의 용맥을 추정할 수 있는 뚜렷한 물길이 없으나, 방향상으로 세미오름(대흘)에서 왔을 가능성이 있다. 묘역의 대문 밖에서 보면 백호는 뚜렷하게 보국을 잘 만들었다. 청룡은 개명당 건물과 조천서원 건물 사이로 살짝 흔적이 보인다.

제주시

서부

새미하로 산당

소재 주소 : 제주도 제주시 회천동 1058번지

새미하로 산당의 당신(堂神)은 새미하로산또인데, 송당 본향당의 여신(女神)인 금백조와 남신(男神)인 소로소천국 사이에서 태어난 여덟 번째(혹은 열두 번째라고도 함.) 아들이다. 새미하로 산당은 수령이 오래된 팽나무가 신목이고 제주시 회천동 동회천 마을의 본향당이다. 마을 주민들의 생산(生産), 물고(物故), 호적(戶籍), 장적(帳籍) 등을 관장한다고 본다. 안내문이 있는 입구(제주도 제주시 회천동 1192-1번지)에서 오솔길로 약 100m 정도 안쪽으로 걸어 들어가야 한다.

진주 강씨 승사랑파 묘역

소재 주소 : 제주도 제주시 애월읍 고내리 산14

내비 주소 : 제주도 제주시 애월읍 하가리 1607-3

인물 개요 : 본관은 진주이고, 통정대부 강태웅을 기준으로 아버지 위도-
조부 초(礁)-증조 두환-고조 수황-5대조 계남으로 이어지는
가계이다. 제주 입도조 강위량의 8세손이다.

풍수 요점 : 계좌 정향.

고내봉(망오름)의 남쪽 면에 있다. 묘역 뒤쪽에 과협의 흔적이
있으므로 생룡으로 추정을 할 수 있으나 묘역 위로 올라가면
높은 느낌이 확연하다. 아주 멀리 한라산 주봉이 보일 정도로
청룡 쪽이 허하여 아래쪽에 있는 묘 터가 조금 더 안정적으로
느껴진다.

고내봉

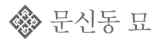 문신동 묘

소재 주소 : 제주도 제주시 애월읍 고성리 762-1

내비 주소 : 제주도 제주시 애월읍 고성리 762-1

인물 개요 : 본관은 남평이고, 보은처사 문신동을 기준으로 아버지 승노-
조부 중용-증조 익전-고조 숙선으로 이어지는 가계이다. 남평
문씨 제주 입도조이다.

풍수 요점 : 정좌 계향.

동쪽에 흐르는 고성천을 보면 내룡은 남서방의 극락오름에서
내려온 터이다. 상대적으로 조금 높은 느낌이 들고 백호는 가
까이 있어 보이나 청룡의 형체가 뚜렷하지 않다. 묘 올라가는
계단 밑 물웅덩이에 대해서 생각해 봐야 한다.

정부인 강씨 묘

소재 주소 : 제주도 제주시 애월읍 곽지리 86

내비 주소 : 제주도 제주시 애월읍 곽지리 87(막다른 길 귤밭 안에 있음.)

인물 개요 : 정부인 강씨 부인의 본관은 진주이고, 원주 변씨 제주 입도조 변세청의 10세손인 변시중의 처이다. 등문과증훈대부행예조 좌랑배통훈춘추관겸흥덕현감부가건대부행호조참판후귤림원 장 변시중을 기준으로 아버지 희로-조부 홍명으로 이어지는 가계이다.

풍수 요점 : 묘좌 유향.

뒤쪽의 과오름에서 남서쪽으로 내려온 용맥의 터에 있다. 외 청룡이 튼실하게 감싸 주며 외청룡 너머로는 멀리 어도오름이 살짝 보인다.

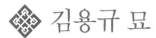 김용규 묘

소재 주소 : 제주도 제주시 애월읍 곽지리 150

내비 주소 : 제주도 제주시 애월읍 곽지리 151-1

인물 개요 : 본관은 김해이고, 통정대부 김용규를 기준으로 아버지 계찬-조부 독회-증조 봉-고조 예-5대조 혁으로 이어지는 가계이다.

풍수 요점 : 자좌 오향.

과오름에서 내려와 약간 평평해진 곳에 묘 터를 잡았다. 앞의 청룡이 감싸는 모습과 백호의 끝을 보고 수구를 찾아서 바람길을 유추해 보면 묘 있는 곳의 장풍 여부를 판단할 수 있는 터이다.

강언호 묘

소재 주소 : 제주도 제주시 애월읍 곽지리 153

내비 주소 : 제주도 제주시 애월읍 곽지리 151-1

인물 개요 : 본관은 진주이고, 훈련원봉사 강언호를 기준으로 아버지 세평-조부 위량(제주 입도조)-증조 붕록으로 이어지는 가계이다. 옆은 셋째 아들 강의일 묘다.

풍수 요점 : 자좌 오향.

과오름의 비탈면이 끝나자마자 가까이에 묘가 있다. 백호의 높이는 충분하나 청룡이 앞쪽으로 나가는 형태를 보면 수구가 예측이 된다. 청룡이 낮지 않은지 또 청룡 안쪽 물길의 영향은 어떨지 판단해 보아야 할 터이다.

과오름

 강봉서 묘

소재 주소 : 제주도 제주시 애월읍 곽지리 610

내비 주소 : 제주도 제주시 애월읍 곽지리 611

인물 개요 : 본관은 진주이고, 통훈대부사헌부장령 강봉서를 기준으로 아
버지 시양으로 이어지는 가계이다. 강위량의 11세손이다.

풍수 요점 : 병좌 임향.

남서쪽의 어응천과 나란히 멀리 있는 발이오름에서부터 내려
오는 산줄기다. 외청룡은 뚜렷이 보이고 백호 방향은 앞쪽으
로 나지막한 봉우리가 앞을 막아 주며 멀리 과오름이 보인다.
청룡 쪽 산담 밖으로 골의 형태를 확인할 수 있는 장소이다.

김예 묘

소재 주소 : 제주도 제주시 애월읍 곽지리 847

내비 주소 : 제주도 제주시 애월읍 곽지리 848-2

인물 개요 : 본관은 김해이고, 처사 김례를 기준으로 아버지 혁-조부 만희
(제주 입도조)로 이어지는 가계이다.

풍수 요점 : 묘좌 유향.

내룡이 과오름에서 남서쪽으로 내려온 자리다. 주변에 뚜렷한
사격이 보이지 않고 멀리 한림읍이 내려다보일 정도로 약간
도드라진 느낌이 드는 터이다.

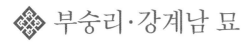 # 부숭리·강계남 묘

소재 주소 : 제주도 제주시 애월읍 상가리 산33

내비 주소 : 제주도 제주시 애월읍 상가리 산32-1

인물 개요 : 본관은 진주이고, 통정대부첨지사 강계남을 기준으로 아버지
언준-조부 세평-증조 위량(제주 입도조)-고조 붕록으로 이어
지는 가계이다. 강계남은 부숭리의 사위이다. 부숭리 묘, 강계
남 묘, 숙부인 부씨 부인(강계남 처)의 묘가 있다.

풍수 요점 : 사좌 해향(좌향 동일).
이 묘역은 3㎞ 떨어진 고내봉이 보일 만큼 상대적으로 높은 언
덕 위에 있다. 두 개의 능선에는 각각 강계남과 부숭리 묘가
있고 골처럼 생긴 곳에는 숙부인 부씨 부인 묘가 있다.

양창우 묘

소재 주소 : 제주도 제주시 애월읍 상귀리 998

내비 주소 : 제주도 제주시 애월읍 상귀리 1006(주차장 남쪽 120m)

인물 개요 : 본관은 제주이고, 유향좌수 양창우를 기준으로 아버지 만령-
조부 유태로 이어지는 가계이다. 양구미의 23세손, 양유침의
12세손이다.

풍수 요점 : 사좌 해향.

동쪽의 고성천과 서쪽의 실개천(상귀장수물) 사이로 내려오는
용맥에 자리한 곳이다. 묘 가까이에는 백호가 두세 겹 보이고
멀리에는 청룡과 백호가 큰 보국을 만들었다.

 강재권 묘

소재 주소 : 제주도 제주시 애월읍 소길리 산255-4

내비 주소 : 제주도 제주시 애월읍 소길리 산255-4(노꼬메오름 주차장에서
남쪽으로 250m 지점)

인물 개요 : 본관은 진주이고, 장사랑 강재권을 기준으로 아버지 상보-조
부 만정으로 이어지는 가계이다. 강득창의 6세손이다.

풍수 요점 : 계좌 정향(비석에는 자좌 오향).
큰노꼬메오름에서 북서쪽으로 내려온 산줄기에 묘가 있으며,
주변에 능선의 오르내림이 많이 보인다. 멀리 외청룡이 감싸
는 모습이 보이는데 앞에 나무가 없다면 상대적으로 높은 느
낌이 들 곳이다.

강응량 묘

소재 주소 : 제주도 제주시 애월읍 수산리 1082

내비 주소 : 제주도 제주시 애월읍 수산리 1083

인물 개요 : 본관은 진주이고, 통덕랑 강응량을 기준으로 아버지 우회-조
부 철동-증조 철(제주 입도조)-고조 회-5대조 윤으로 이어지는
가계이다.

풍수 요점 : 오좌 자향.

서쪽의 수산천을 바탕으로 용맥을 따져보면 산세미오름에서
이어진 것으로 생각된다. 제법 덩치가 큰 청룡과 백호가 겹겹
이 둘러싸고, 물길은 굽이굽이 굽어서 흘러가는 것을 볼 수 있
다. 외청룡의 끝자락에 수산봉이 아름답게 보인다.

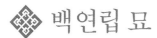 백연립 묘

소재 주소 : 제주도 제주시 애월읍 수산리 1455

내비 주소 : 제주도 제주시 애월읍 수산리 1602-2

인물 개요 : 본관은 수원이고, 통정대부 백연립을 기준으로 아버지 막룡으로 이어지는 가계이다. 백창직의 22세손, 백지장의 14세손이다.

풍수 요점 : 정좌 계향.

동쪽의 수산천을 참고하여 유추해 보면 발이오름(소길)에서 이어진 산줄기로 보인다. 정면에 수산봉이 단아하게 보이고 청룡과 백호가 보국을 잘 만들었으나 수구가 가까워 영향을 받겠다는 느낌을 주는 터이다. 형국론에서는 연화반개형(蓮花半開形)으로 알려져 있다.

강우회·강응현 묘

소재 주소 : 제주도 제주시 애월읍 수산리 산5

내비 주소 : 제주도 제주시 애월읍 수산리 1913

인물 개요 : 본관은 진주이고, 절충장군 어모장군 강우회를 기준으로 아버
지 철동-조부 철(제주 입도조)-증조 회-고조 윤-5대조 안수로
이어지는 가계이다. 아들 강응현 묘가 옆에 있다.

풍수 요점 : 자좌 오향(좌향 동일).

수산봉은 수산천 서쪽에 마지막으로 만들어진 큰 산이다. 묘
역은 수산봉 남쪽의 경사면 끝자락에 있어 수산저수지 일부를
바라보고 있다. 앞쪽 멀리로 여러 오름과 한라산이 보일 만큼
개활지가 펼쳐져 있다. 봉분 뒤 묘 마당이 울퉁불퉁한 이유에
대해서 생각해 볼 곳이다.

수산봉

 # 고경업 묘

소재 주소 : 제주도 제주시 애월읍 신엄리 186

내비 주소 : 제주도 제주시 애월읍 신엄리 184

인물 개요 : 본관은 제주이고, 진사 고경업을 기준으로 아버지 원복-조부 인걸-증조 태순-고조 천룡으로 이어지는 가계이다. 산담 안에 4개의 봉분이 있다.

풍수 요점 : 갑좌 경향.

수산천을 기준으로 용맥을 유추해 보면 발이오름에서 이어진 것으로 보인다. 묘 주변이 웅장하지는 않지만 청룡과 백호가 적당한 높이와 거리에서 잘 감싸 주어 편안한 느낌을 받는 곳이다.

장차방 묘

소재 주소 : 제주도 제주시 애월읍 애월리 631

내비 주소 : 제주도 제주시 애월읍 애월리 628-2

인물 개요 : 본관은 인동이고, 통훈대부 장차방을 기준으로 아버지 선일로
이어지는 가계이다. 장일취의 6세손이며,『표해록』을 쓴 장한
철의 아버지이다.

풍수 요점 : 을좌 신향.

묘가 위치한 곳의 용맥은 애월읍 고내봉(망오름)에서 내려온
것이다. 외청룡이 앞으로 감싸고 돌며 바닷가의 아파트 터까
지 감싸 주었고 백호의 형체도 살며시 보인다.

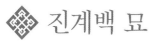 진계백 묘

소재 주소 : 제주도 제주시 애월읍 애월리 1090

내비 주소 : 제주도 제주시 애월읍 애월리 1058

인물 개요 : 본관은 풍기이고, 고려 우참찬 진계백을 기준으로 아버지 효
정-조부 원으로 이어지는 가계이다. 입국 시조 진필명의 18세
손이다. 풍기 진(秦)씨 제주 입도조이다.

풍수 요점 : 유좌 묘향.

큰과오름에서 북쪽으로 흘러간 용맥의 끝자락쯤에 묘가 있다.
청룡과 백호의 형체도 확실하고 수구가 완전히 막혀 물 나갈
곳이 없는 지형이다(육안으로 보면 수구가 없는 터로 백호 끝의 비
닐하우스 있는 곳이 수구이다).

과오름

변성좌·변경우 묘

소재 주소 : 제주도 제주시 애월읍 유수암리 1609

내비 주소 : 제주도 제주시 애월읍 유수암리 1624-1

인물 개요 : 본관은 원주이고, 가선대부동지중추부사 변경우를 기준으로
아버지 성좌-조부 시한-증조 희로-고조 여명으로 이어지는
가계이다.

풍수 요점 : 간좌 곤향(변성좌 묘), 임좌 병향(변경우 묘).
서쪽에 있는 수산천의 물길을 보고 내룡을 유추해 보면 산세
미오름에서 이어진 것으로 추정된다. 큰 틀에서는 회룡고조형
으로 볼 수 있으며 변경우 묘의 양옆이 볼록 솟아 있어 외관상
으로 피할 수 없는 물길 터로 보인다. 변성좌 묘는 변경우 묘
의 청룡에 해당되는 볼록 솟아 있는 자리이다.

 강인 묘

소재 주소 : 제주도 제주시 애월읍 장전리 1341

내비 주소 : 제주도 제주시 애월읍 장전리 1340-1

인물 개요 : 본관은 진주이고, 학생 강인을 기준으로 아버지 계훈-조부 응선-증조 우회로 이어지는 가계이다. 제주 입도조 강철의 6세손이다.

풍수 요점 : 축좌 미향.

내룡을 동쪽 방에 있는 수산천의 흐름을 참고하여 유추해 보면 발이오름(소길)에서 이어진 것으로 보인다. 앞에는 낮은 청룡이 환포하는 듯 보이지만 뒤쪽을 보면 양쪽에 살짝 솟아오른 두 개의 볼록한 봉우리가 보이고 묘 뒤로는 푹 꺼져 있음을 주목해야 할 것이다.

고태순 묘

소재 주소 : 제주도 제주시 애월읍 하귀1리 726

내비 주소 : 제주도 제주시 애월읍 하귀1리 722

인물 개요 : 본관은 제주이고, 통정대부 고태순을 기준으로 아버지 천룡-
조부 웅선-증조 사달로 이어지는 가계이다.

풍수 요점 : 미좌 축향.

산세미오름에서 고성천을 서쪽에 두고 내려온 산줄기로, 현재
는 지형이 평탄하게 만들어져 가까운 곳을 보고 풍수적 판단
을 하기는 어려운 곳이다. 외백호는 조금 멀다는 느낌이 들고
실개천 건너의 파군봉은 외청룡이 되는데 마치 달아나는 형상
으로 느껴진다.

파군봉

이세번 묘

소재 주소 : 제주도 제주시 한경면 고산리 139

내비 주소 : 제주도 제주시 한경면 고산리 146

인물 개요 : 본관은 고부이고, 조공대부행의금부도사 이세번을 기준으로
아버지 정-조부 원소-증조 삭-고조 문수로 이어지는 가계이
다. 고부 이씨 제주 입도조이다.

풍수 요점 : 오좌 자향.

내룡은 굽은오름(구분오름)에서 서쪽으로 내려온 산줄기이다.
묘역 주변이 약간의 경사만 있는 평평한 지형인데도 주변에
둘러싸 주는 사격이 보이지 않으므로 상대적으로 높은 느낌이
드는 곳이다.

이계운 묘

소재 주소 : 제주도 제주시 한경면 고산리 997

내비 주소 : 제주도 제주시 한경면 고산리 998-1

인물 개요 : 본관은 전주이고, 가선대부 이계운을 기준으로 아버지 부실
(전주 이씨 제주 입도조)로 이어지는 가계이다. 중종대왕과 숙의
홍씨 소생인 해안군의 7세손이다.

풍수 요점 : 자좌 오향.

묘 주변의 작은 물길들을 감안해 보면 가마오름에서 서쪽으로
이어지는 산줄기로 판단된다. 나지막한 외청룡이 앞쪽까지 감
싸 주는 모양이지만 백호가 다소 미약하다는 느낌이 드는 곳
이다.

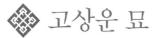 고상운 묘

소재 주소 : 제주도 제주시 한경면 낙천리 1305

내비 주소 : 제주도 제주시 한경면 낙천리 605-4

인물 개요 : 본관은 제주이고, 유향별감 고상운을 기준으로 아버지 한철로 이어지는 가계이다. 알오름에 고득종의 13세손 묘원 표지석이 있다.

풍수 요점 : 곤좌 간향.

새신오름에서 서쪽으로 뻗어 나가다가 북쪽으로 방향을 바꿔 온 것으로 추정되는 용맥이 봉우리를 만들었다. 맞은편 산들이 환포해 주는 듯 보이지만 높이를 감안하면 묘역에서 가장 평안한 느낌을 주는 곳은 고상운의 묘로 생각된다.

변진명 묘

소재 주소 : 제주도 제주시 한경면 저지리 607

내비 주소 : 제주도 제주시 한경면 저지리 607

인물 개요 : 본관은 원주이고, 통정대부 변진명은 변안렬의 3세손인 변세
청의 7세손이고, 문신동이 장인이다.

풍수 요점 : 신좌 인향.

저지오름에서 북쪽으로 뻗어 나온 용맥이 평평해진 곳에 묘가
있다. 백호가 큰 보국을 만들면서 감싸 주지만 주변의 개발로
풍수적 판단은 쉽지 않다.

저지오름

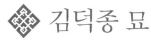 # 김덕종 묘

소재 주소 : 제주도 제주시 한경면 조수리 3705-1

내비 주소 : 제주도 제주시 한경면 조수리 3709-1

인물 개요 : 본관은 경주이고, 통정대부 김덕종을 기준으로 아버지 귀성-
조부 차복-증조 초홍으로 이어지는 가계이다.

풍수 요점 : 자좌 오향.

굽은오름에서 모란동산으로 내려가던 산줄기에서 가지 하나
가 떨어져 나온 터로 보인다. 백호방 멀리로는 굽은오름이 보
인다. 도로 건너편에 청룡 능선의 흔적이 있고 백호 능선도 길
게 뻗었으니 혈이 결지될 조건은 갖추어진 터로 생각된다.

의인 이씨·김유 묘

소재 주소 : 제주도 제주시 한경면 용수리 4525

내비 주소 : 제주도 제주시 한경면 용수리 4530

인물 개요 : 의인 이씨 부인의 본관은 경주다. 병조좌랑대정현감 김유를 기준으로 아버지 상오-조부 형택으로 이어지는 가계이고 본관은 광산이다. 제주 입도조 김윤조의 15세손이고 의인 경주 이씨 부인이 김유의 할머니이다.

풍수 요점 : 곤좌 간향(좌향 동일).

당산봉에서 북쪽으로 내려온 용맥이 횡룡입수처럼 방향을 바꿔 만들어진 자리다. 묘 뒤 차귀도가 낙산이 될 수 있겠고 앞으로는 청룡과 백호의 흔적이 보인다. 바로 뒤가 바다이지만 바닷바람의 영향이 전혀 느껴지지 않는 곳이다.

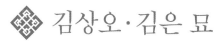

김상오·김은 묘

소재 주소 : 제주도 제주시 한경면 청수리 1236

내비 주소 : 제주도 제주시 한경면 청수리 1241

인물 개요 : 본관은 광산이고, 유향별감 김상오를 기준으로 아버지 형택으로 이어지는 가계이다. 어머니는 경주 이씨(묘 한경면 용수리 4525번지)이고, 제주 입도조 김윤조의 14세손이다. 김도용의 6세손이고, 옆에는 둘째 아들 김은의 묘가 있다.

풍수 요점 : 경좌 갑향(좌향 동일).

가마오름에서 북쪽으로 뻗어 나간 용맥이 만든 봉우리 아래에 만들어진 터이다. 청룡 쪽 능선이 길게 보국을 만들어 편안한 느낌을 준다.

송가금 묘

소재 주소 : 제주도 제주시 한경면 청수리 2717

내비 주소 : 제주도 제주시 한경면 청수리 2736-1

인물 개요 : 본관은 여산이고, 통덕랑 송가금을 기준으로 조부 무-4대조 희립으로 이어지는 가계이다. 시조 송유익의 22세손이며 원윤 공파이다.

풍수 요점 : 임좌 병향.

북쪽의 새신오름(신서악)에서 내려온 용맥이며, 주변의 지형이 평탄하여 내룡이나 사격을 분석하기 어렵다. 고일촌위산 저 일촌위수의 격언을 참작하여 분석해 보고, 부부의 묘(송가금, 의인 최씨 부인)가 나란한 쌍분 형태인데도 산담도 다르고 또 10m 이상 간격이 벌어져 있는 이유에 대해 생각해 볼 터이다.

 부핍 묘

소재 주소 : 제주도 제주시 한림읍 금악리 265-15

내비 주소 : 제주도 제주시 한림읍 금악리 265-15

인물 개요 : 본관은 제주이고, 유향좌수 부핍(夫愊)을 기준으로 아버지 세
영-조부 유렴-증조 삼노로 이어지는 가계이다. 부언경의 7세
손이다.

풍수 요점 : 묘좌 유향.

문수천과 귀덕천을 보면 묘가 있는 곳은 이달이촛대봉에서 내
려오는 산줄기로 추정된다. 앞쪽에 청룡이 길게 뻗어 완벽히
환포하며, 백호도 짤막하지만 뚜렷해 혈이 결지되는 조건은
갖추어진 곳이다.

강용백 묘

소재 주소 : 제주도 제주시 한림읍 금악리 산48-3

내비 주소 : 제주도 제주시 한림읍 금악리 산48-5

인물 개요 : 본관은 진주이고, 유향별감 강용백을 기준으로 아버지 홍록-조부 원복으로 이어지는 가계이다. 제주 입도조 강윤희의 17세손이다.

풍수 요점 : 갑좌 경향.

당오름(동광)에서 돌아 내려온 산줄기에 있는 터이다. 앞쪽으로 약간 떨어진 곳에 정물오름이 보이지만 주변이 개활지처럼 되어 있어 육안으로 풍수적 판단이 어려운 곳이다.

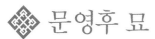 문영후 묘

소재 주소 : 제주도 제주시 한림읍 동명리 1272

내비 주소 : 제주도 제주시 한림읍 동명리 1271-1

인물 개요 : 본관은 남평이고, 통훈대부행곡성현감겸남원진관병마절제도
위 문영후를 기준으로 아버지 재박으로 이어지는 가계이다.
탐라사절 중 점술의 대가로 알려져 있다.

풍수 요점 : 진좌 술향.
묘에서 가장 가까이에 있는 오름은 명월오름이지만 옹포천과
문수천을 보면 묘의 용맥은 갯거리오름에서 동쪽으로 뻗어 나
간 산줄기에서 문수천을 서쪽에 두고 내려온 것으로 보인다.
묘 주변이 너무 많이 파헤쳐져서 육안으로 풍수적 판단을 하
는 것이 쉽지 않은 자리이다.

변성언 묘

소재 주소 : 제주도 제주시 한림읍 명월리 640

내비 주소 : 제주도 제주시 한림읍 명월리 712

인물 개요 : 본관은 원주이고, 유향좌수 변성언을 기준으로 아버지 시준-조부 희연으로 이어지는 가계이다. 변득강의 현손이다.

풍수 요점 : 병좌 임향.

동쪽의 문수천과 서쪽의 옹포천 사이로 선소오름과 갯거리오름을 거쳐 내려온 산줄기에 있는 터이다. 낮지만 청룡 능선이 보이므로 수구가 전면에 있음을 감안하고 분석해야 할 터이다 (주변에 비닐하우스가 있어 확인이 쉽지 않음).

◈ 진국태 묘

소재 주소 : 제주도 제주시 한림읍 명월리 713

내비 주소 : 제주도 제주시 한림읍 명월리 712

인물 개요 : 본관은 풍기이고, 유향좌수 진국태를 기준으로 아버지 정적으로 이어지는 가계이다. 제주 입도조 진계백의 10대손이다. 탐라사절 중 의술의 대가로 알려져 있다.

풍수 요점 : 오좌 자향.

동쪽의 문수천과 서쪽의 옹포천 사이로 선소오름과 갯거리오름을 거쳐 내려온 용맥이 뒤쪽 밭에 위이(굴곡)하는 모양이다. 도로에서 들어가는 부분(물탱크 자리)에 청룡 흔적이 있다.

양낙훈 묘

소재 주소 : 제주도 제주시 한림읍 명월리 2082

내비 주소 : 제주도 제주시 한림읍 명월리 2081

인물 개요 : 본관은 제주이고, 유향별감훈장 양낙훈을 기준으로 아버지 순
하-조부 진성으로 이어지는 가계이다.

풍수 요점 : 오좌 자향.

동남쪽에 있는 금악오름에서 백호방에 옹포천을 두고 길게 내
려온 용맥의 터이다. 묘 바로 뒤 현무봉의 흔적이 살짝 보이
고, 외백호 능선의 끝자락에는 명월성이 있다.

서귀포시

중부

탐라사절(耽羅四絶)

제주에서는 뛰어난 능력이 있는 네 명을 일컬어 '탐라사절'이라 불렀다. 땅의 기운을 분석하는 풍수에 능통한 고홍진(高弘進, 1602~1682), 하늘의 기운을 판단하여 미래를 예측하는 문영후(文榮後, 1629~1684), 인체의 질병을 다스리는 의술로 유명한 진국태(秦國泰, 1680~1745), 멋진 풍채를 가진 양유성(梁有成, 1684~1761)이 이들이다(묘 소개는 고홍진 68쪽, 문영후 220쪽, 진국태 224쪽, 양유성 48쪽 참고).

이종현 묘

소재 주소 : 제주도 서귀포시 대포동 2379

내비 주소 : 제주도 서귀포시 대포동 2378

인물 개요 : 본관은 고부이고, 가선대부 이종현을 기준으로 아버지 만언-
조부 동진-증조 감으로 이어지는 가계이다. 이정의 9세손, 이
세번(제주 입도조)의 8세손이다.

풍수 요점 : 신좌 인향.
청룡과 백호의 형체가 뚜렷하게 보여 보국이 잘 짜여졌다. 백
호 능선의 비탈면 끝이 어디인지 유추해 보고 묘 위치를 분석
할 수 있는 터이다.

오세진·오성룡 묘

소재 주소 : 제주도 서귀포시 상예동 3579

내비 주소 : 제주도 서귀포시 상예동 3578-1

인물 개요 : 본관은 군위이고, 유향별감 오성룡을 기준으로 아버지 세진-조부 도원으로 이어지는 가계이다. 오석현(제주 입도조)의 10세손이며, 같은 산담 안에 부자(父子)의 묘가 쌍분 형태이다.

풍수 요점 : 유좌 묘향(좌향 동일).

주변이 야트막한 구릉 형태의 터이다. 묘 뒤에도 살짝 봉우리가 있고 그리 높은 느낌이 드는 것도 아니니 백호 쪽 작은 능선을 보고 터를 잡은 것으로 생각된다.

정부인 임씨·강용현 묘

소재 주소 : 제주도 서귀포시 상예동 3949

내비 주소 : 제주도 서귀포시 상예동 3951

인물 개요 : 정부인 풍천 임씨 부인(강위보의 처) 묘이다. 옆에는 유향좌수 진주 강용현의 묘가 있는데 강용현은 강위보의 5세손, 제주 입 도조 강윤희의 16세손이다.

풍수 요점 : 계좌 정향(좌향 동일).

북동쪽의 어오름에서 출발한 용맥이 백호방 창고천과 청룡방 원지텃 내의 호종을 받으며 내려온 자리이다. 멀리서 외청룡 이 환포해 주는 것이 보이지만 주변이 대체로 평탄해서 판단 이 쉽지 않은 곳이다.

 강위빙 묘

소재 주소 : 제주도 서귀포시 상예동 4150-1

내비 주소 : 제주도 서귀포시 상예동 4181

인물 개요 : 본관은 진주이고, 유향좌수 강위빙을 기준으로 아버지 진(縉)-
조부 개복-증조 기수-고조 인건-5대조 근손으로 이어지는 가
계이다.

풍수 요점 : 간좌 곤향.
내룡의 용맥이 뚜렷하게 보이지 않지만 백호방의 창고천과 청
룡방의 무명 개천이 170m 전방에서 합수되는 터이다. 묘 들어
가는 길에 내청룡의 모습이 살아 있고 백호방에도 능선의 흔
적이 보인다.

허길 묘

소재 주소 : 제주도 서귀포시 서호동 1269-2

내비 주소 : 제주도 서귀포시 서호동 1269-2

인물 개요 : 본관은 양천이고, 처사 허길을 기준으로 아버지 최욱(생부 최제)-조부 택-증조 작으로 이어지는 가계이다.

풍수 요점 : 자좌 오향.

고근산(고공산)에서 남쪽으로 내려온 용맥에 있는 터이다. 내룡 부분과 묘까지는 경사가 있는 편이나 앞쪽은 평평하여 안정감이 느껴진다.

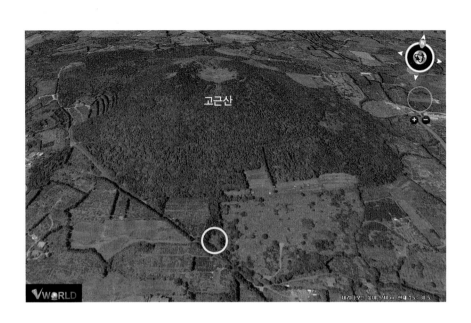

 신재전 묘

소재 주소 : 제주도 서귀포시 서홍동 105

내비 주소 : 제주도 서귀포시 서홍동 105

인물 개요 : 본관은 거창이고, 성균진사 신재전을 기준으로 아버지 상흠으로 이어지는 가계이다. 제주 입도조 신명려의 8세손이다.

풍수 요점 : 자좌 오향.

내룡은 미악산(솔오름)에서 동쪽의 동홍천과 서쪽의 생수천을 따라 내려온 곳이다. 다소 높은 느낌이 들지만 제주의 다른 묘들과 달리 묘 앞쪽에 능선이 마무리되는 모습이 확실하게 보이는 것이 특징이다.

오덕립·오정빈 묘

소재 주소 : 제주도 서귀포시 서홍동 125

내비 주소 : 제주도 서귀포시 서홍동 155-1(위로 올라가는 길 있음.)

인물 개요 : 본관은 군위이고, 승훈랑행예조좌랑 오정빈을 기준으로 아버지 현-조부 덕립-증조 수간-8대조 석현으로 이어지는 가계이다. 위쪽의 묘가 조부 오덕립의 묘이다.

풍수 요점 : 계좌 정향(오덕립 묘), 축좌 미향(오정빈 묘).

서홍천을 참고로 용맥을 찾아보면 북쪽의 솔오름에서 내려온다고 볼 수 있다. 청룡은 뚜렷하지 않으나 백호는 확실히 보이므로 백호를 참고로 수구를 유심히 찾아보면 오덕립의 묘가 좀 더 안정적으로 느껴진다.

 고원 묘

소재 주소 : 제주도 서귀포시 서홍동 731-2

내비 주소 : 제주도 서귀포시 서홍동 743-3

인물 개요 : 본관은 제주이고, 가선대부 고원을 기준으로 아버지 상흘-조부 홍진-증조 정순으로 이어지는 가계이다. 고원의 아들이 고만첨이다.

풍수 요점 : 사좌 해향.

　　　　　현무봉 너머 바다를 등지고 한라산을 바라보는 회룡고조형이다. 좌우의 외청룡과 외백호가 잘 감싸 주지만 개발된 지금은 수구가 조금 넓게 느껴진다.

고만첨 묘

소재 주소 : 제주도 서귀포시 서홍동 745-1

내비 주소 : 제주도 서귀포시 서홍동 745-1

인물 개요 : 본관은 제주이고, 평해군수 고만첨을 기준으로 아버지 원-조
부 상흘(尙屹)-증조 홍진으로 이어지는 가계이다.

풍수 요점 : 사좌 해향.

　　　　　　도시 가운데에 있어 주변 지형 분석이 거의 불가하나 약간의
내리막을 살펴봐야 한다. 특이한 것은 뒤쪽으로 400여 m, 청
룡 쪽으로 250여 m 거리에 바다가 있는 위치인데, 삼매봉에서
뻗어 내린 용맥이 회룡입수의 형태로 혈을 결지할 수도 있다.

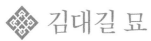 김대길 묘

소재 주소 : 제주도 서귀포시 서홍동 808-1

내비 주소 : 제주도 서귀포시 서홍동 863-7(묘 뒤 도로에서 들어감.)

인물 개요 : 본관은 경주이고, 자헌대부중추부사행감목관 김대길을 기준
으로 아버지 만일-조부 이홍-증조 보-고조 자신-5대조 계수
로 이어지는 가계이다.

풍수 요점 : 병좌 임향.

육지의 지형과 비슷한 느낌이 드는 곳으로, 삼매봉에서 북동
쪽으로 용맥이 내려왔고 중간에 도로가 생기면서 도로보다 낮
은 터로 변한 곳이다. 청룡 쪽은 산들이 잘 감싸 주며, 백호는
도로의 굽은 지점에 흔적이 보인다.

김륜·김진한 묘

소재 주소 : 제주도 서귀포시 서홍동 1515

내비 주소 : 제주도 서귀포시 서홍동 1518-5

인물 개요 : 본관은 연안이고, 유향좌수 김륜을 기준으로 아버지 효의로 이어지는 가계이다. 제주 입도조 김안보의 6세손이며, 남서쪽에 있는 묘는 손자 김진한의 묘이다.

풍수 요점 : 해좌 사향(좌향 동일).

사방이 모두 평평하기 때문에 내룡의 용맥도 보이지 않고 청룡, 백호도 흔적이 없어 풍수적 판단이 쉽지 않은 곳이다. 백호 쪽의 호근천과 청룡 쪽의 연외천이 동남방 500m 쯤에서 합수되는 것을 분석 자료로 활용할 수 있을 것이다.

 이윤 묘

소재 주소 : 제주도 서귀포시 신효동 1179-5

내비 주소 : 제주도 서귀포시 신효동 1179-4(감귤박물관 야외 공연장 옆길로 들어감.)

인물 개요 : 본관은 경주이고, 훈련원판관 이윤을 기준으로 아버지 인제-조부 익-증조 유일-고조 난(鸞)-5대조 자침으로 이어지는 가계이다.

풍수 요점 : 자좌 오향.

월라봉에서 남쪽으로 뻗어 내린 용맥의 끝자락에 묘가 있으며 제주도에서 보기 드물게 커다란 능선의 형체가 드러난 곳이다. 앞쪽에서 보면 절벽 위에 묘가 있다. 청룡과 백호가 보이지 않으나 묘역 주변의 공간이 넓으니 자기보국혈을 생각할 수 있는 터이다.

변응상 묘

소재 주소 : 제주도 서귀포시 토평동 235

내비 주소 : 제주도 서귀포시 토평동 1111

인물 개요 : 본관은 원주이고, 어모장군행용양위 변응상을 기준으로 아버지 지손-조부 세청(제주 입도조)-증조 예로 이어지는 가계이다. 변안렬의 현손이다.

풍수 요점 : 자좌 오향.

미악산(솔오름)에서 인정오름을 거쳐 동쪽의 상효천과 서쪽의 보목천 사이로 내려온 용맥에 있는 터이다. 개발과 귤밭 때문에 잘 보이지 않지만 청룡, 백호, 보국이 잘 갖추어졌다.

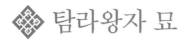 탐라왕자 묘

소재 주소 : 제주도 서귀포시 하원동 21

내비 주소 : 제주도 서귀포시 하원동 11

인물 개요 : 탐라국은 서기 476~1005년까지 존재했다. 고려 말부터 조선
　　　　　　　초(13~15세기) 일반적이었던 계단식 네모돌널무덤(方形石棺墓)
　　　　　　　묘제 형태라 그 시기 고위층 인물의 묘로 추정되며 총 3기(其)
　　　　　　　다. 2000년 6월 21일 제주도기념물 제54호로 지정되었다.

풍수 요점 : 축좌 미향(맨 위), 계좌 정향(중간), 계좌 정향(아래).
　　　　　　　도순천과 고지천을 보면 용맥은 한라산 영실에서 내려오며,
　　　　　　　제주도에서 드물게 육안으로 보국의 형태가 보이는 곳이다.
　　　　　　　주변 사격의 높이를 감안하면 혈의 위치를 판단할 수 있다.

이동진 묘

소재 주소 : 제주도 서귀포시 하원동 1050

내비 주소 : 제주도 서귀포시 하원동 1062-1

인물 개요 : 본관은 고부이고, 아버지 감으로 이어지는 가계이다. 이정의 7세손이고, 제주 입도조 이세번의 6세손이며 아들은 이만인 이다.

풍수 요점 : 자좌 오향.

동쪽의 도순천과 서쪽의 동화수천을 기준으로 하면 용맥을 찾을 수 있다. 출발점은 갯거리오름으로 추정되며, 법화사지 뒤쪽 언덕에 우뚝 올라앉은 듯해서 높은 느낌이 든다. 주변의 사격이 큰 보국을 만들어 주는 것을 확인할 수 있다.

제주 법화사지

소재 주소 : 제주도 서귀포시 하원동 1063

내비 주소 : 제주도 서귀포시 하원동 1071-1

건물 개요 : 신라 때 장보고(張保皐)가 창건했고, 18세기 제주목사 이형상
에 의해 불태워졌다. 현재 법화사는 1987년 재건하였으며, 대
한불교조계종 제23교구 본사인 관음사(觀音寺)의 말사이다.
제주특별자치도 기념물 제13호로 지정되었다.

풍수 요점 : 자좌 오향.

현재의 법화사 건물들은 제외하고 뒤쪽의 건물 터만 보았을
때 청룡, 백호가 보국을 잘 만든 곳이나 뒤쪽 산 있는 곳의 지
형을 보면 골이 보이고 아래쪽 물길의 위치를 육안으로 가늠
할 수 있다.

서귀포시

동부

제주 방사탑

제주도에서 풍수상으로 마을의 허한 곳이나 액을 비롯한 궂은 것들이 들어올 만하다고 생각되는 곳에 세워진 돌탑을 방사탑이라 한다. '방시탑', '방사탑', '거욱대', '거왁' 등으로 부르기도 한다. 방사탑이 마을에 화재가 자주 발생하고 가축이 병들어 죽는 등의 액운을 막을 수 있다고 생각하여 마을 공동체적 차원에서 만들었다고 한다. 1995년 8월 26일 제주도에 분포하는 방사탑 17기가 제주특별자치도 민속문화재 제8호로 지정되었다.

 김상기 묘

소재 주소 : 제주도 서귀포시 남원읍 의귀리 434

내비 주소 : 제주도 서귀포시 남원읍 의귀리 433

인물 개요 : 본관은 광산이고, 유향좌수 김상기를 기준으로 아버지 수정-
조부 국순-증조 덕우-고조 계무로 이어지는 가계이다.

풍수 요점 : 자좌 오향.

북쪽의 웅악(숫오름)에서 의귀천을 따라 멀리 내려온 산줄기에
자리한다. 상대적으로 높이 올라온 평평한 곳에 묘가 있으나
청룡, 백호가 보이지 않는다.

김이홍·김만일 묘

소재 주소 : 제주도 서귀포시 남원읍 의귀리 1773

내비 주소 : 제주도 서귀포시 남원읍 의귀리 1775-1(작은 삼거리에 있는 묘
역 안내 표지석을 따라 작은 길로 들어감.)

인물 개요 : 본관은 경주이고, 숭정대부동지중추부사오위도총부도총관헌
마공신 김만일을 기준으로 아버지 이홍-조부 보-증조 자신-
고조 계수-5대조 용신-6대조 검룡으로 이어지는 가계이다.
옆 묘는 김만일의 부모 묘이다.

풍수 요점 : 임좌 병향(김이홍 묘), 자좌 오향(김만일 묘).
묘 뒤쪽 의귀천과 앞쪽 실개천을 감안하였을 때 용맥은 민오
름에서 이어지는 것으로 판단된다. 높이는 그리 높지 않으나
주변의 사격에 비해 살짝 높은 느낌은 드는 자리다.

고만표 묘

소재 주소 : 제주도 서귀포시 남원읍 의귀리 1963

내비 주소 : 제주도 서귀포시 남원읍 의귀리 1964(비닐하우스 옆으로 들어
감.)

인물 개요 : 본관은 제주이고, 통훈대부 고만표를 기준으로 아버지 원중-
조부 상흘-증조 홍진-고조 정순으로 이어지는 가계이다.

풍수 요점 : 자좌 오향.

서중천과 의귀천의 호위를 받으며 내려온 용맥이며, 상대적으
로 높은 느낌이 들지만 귤나무 아래 청룡 능선의 흔적이 살짝
보인다. 서중천이 둘로 갈라져 한줄기는 바다로 한줄기는 묘
와 넉시악 사이를 흘러 의귀천과 합쳐지는 것이 특이하다.

 김국순 묘

소재 주소 : 제주도 서귀포시 남원읍 태흥리 1885-1

내비 주소 : 제주도 서귀포시 남원읍 태흥리 1885-1

인물 개요 : 본관은 광산이고, 유향좌수 김국순을 기준으로 아버지 덕우-
조부 계무-증조 내용으로 이어지는 가계이다.

풍수 요점 : 계좌 정향.

넉시악에서 멀리 끌고 온 용맥의 완만한 경사면에 묘가 있다.
앞에는 서중천이 환포하며 흘러가고 좌우에는 청룡과 백호의
흔적이 흐릿하다.

권용정 묘

소재 주소 : 제주도 서귀포시 남원읍 하례리 산138

내비 주소 : 제주도 서귀포시 남원읍 하례리 1533

인물 개요 : 본관은 안동이고, 유향별감 권용정을 기준으로 아버지 일방-
조부 국보-증조 상종으로 이어지는 가계이다. 권근의 아들 권
준의 14세손이다.

풍수 요점 : 자좌 오향.

서걸세(봉)의 남쪽 면에 있으며 효돈동 시가지와 바다를 굽어
볼 수 있는 높은 곳임에도 급래완수의 평평함이 안정감을 준
다. 서걸세(봉)을 환포하며 휘감아 준 효돈천이 앞에서 구불구
불 흘러가는 모습이 보인다.

서걸세

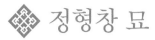 정형창 묘

소재 주소 : 제주도 서귀포시 남원읍 한남리 1030

내비 주소 : 제주도 서귀포시 남원읍 한남리 산90-5

인물 개요 : 본관은 동래이고, 어모장군 정형창을 기준으로 아버지 건-조부 옥문-중조 질목-고조 자약으로 이어지는 가계이다.

풍수 요점 : 임좌 병향.

아버지와 조부의 추모단비 뒤가 현무봉처럼 솟아 있으며, 전체적인 지형을 보면 묘가 있는 곳은 개장한 청룡 능선의 느낌이 드는 곳이다. 묘역 입구에 백호 흔적이 보이고 그 바깥으로 서중천이 흐르는 것도 참고해야 한다.

김자신 묘

소재 주소 : 제주도 서귀포시 남원읍 한남리 산83

내비 주소 : 제주도 서귀포시 남원읍 한남리 1633

인물 개요 : 본관은 경주이고, 건공장군호조참의 김자신을 기준으로 아버지 계수-조부 용신-증조 검룡-고조 인찬으로 이어지는 가계이다. 김만일의 증조이다.

풍수 요점 : 자좌 오향.

북서방의 민오름에서 이어지는 용맥이다. 묘 뒤 내룡 부분에 김자신의 후손 묘역을 만들면서 지형 지세가 많이 사라져 판단이 어렵다. 청룡, 백호가 뚜렷하지 않아 장풍이 되는 자리라는 단정을 하기 어려운 터이다. 묘가 있는 곳의 본토 지명은 '반드기왓'이라 하며 제주도 6대 음택혈이다.

홍영길·홍달한 묘

소재 주소 : 제주도 서귀포시 성산읍 고성리 887

내비 주소 : 제주도 서귀포시 성산읍 고성리 875-4(산길로 들어가야 함.)

인물 개요 : 본관은 남양이고, 통정대부 홍영길을 기준으로 아버지 여하-
조부 정원-증조 찬-고조 우치로 이어지는 가계이다. 제주 입
도조 효손공의 10세손이다. 묘역에는 홍달한 단분 묘와 아버
지 홍영길 부부의 쌍분 묘 3기가 나란히 있고, 묘역 아래 입구
쪽에 아들과 손자 묘 등이 있다.

풍수 요점 : 사좌 해향(좌향 동일).
묘역이 동그란 오름처럼 만들어진 소수산봉 안에 있다. 청룡
과 백호가 가까이에서 감싸 주어서 아늑하고, 앞쪽으로 수구
가 확실히 보이기 때문에 일반적인 풍수 이론을 적용할 수 있
는 곳이다.

소수산봉

오석현 묘

소재 주소 : 제주도 서귀포시 성산읍 고성리 1715-2

내비 주소 : 제주도 서귀포시 성산읍 고성리 1715-1

인물 개요 : 본관은 군위이고, 통정대부행나주영장 오석현을 기준으로 아
버지 진인-조부 경안-증조 광계-고조 인철로 이어지는 가계
이다. 군위 오씨 제주 입도조이다.

풍수 요점 : 신좌 을향.
대수산봉에서 동쪽으로 뻗은 산줄기가 방향을 남쪽으로 돌려
내려오다가 동쪽으로 나뉜 가지에 묘역이 있다. 앞에서 자세
히 보았을 때 묘 마당과 산담이 청룡방에서 백호방으로 기울
어진 이유를 생각해 봐야 한다.

대수산봉

홍제담 묘

소재 주소 : 제주도 서귀포시 성산읍 고성리 1986-1

내비 주소 : 제주도 서귀포시 성산읍 고성리 1986-1

인물 개요 : 본관은 남양이고, 가선대부 홍제담을 기준으로 아버지 천수-
조부 여진-증조 정원으로 이어지는 가계이다.

풍수 요점 : 자좌 오향.

산줄기가 대수산봉에서 남쪽으로 뻗어 내린 터이다. 묘 마당
이 옆의 밭보다 낮으니 그 원인을 분석해 보아야 한다. 청룡의
끝자락과 밭에서 백호의 흔적을 찾아보면 된다.

김만령 묘

소재 주소 : 제주도 서귀포시 성산읍 고성리 2054-5

내비 주소 : 제주도 서귀포시 성산읍 고성리 2062-3

인물 개요 : 본관은 광산이고, 정략장군 김만령을 기준으로 아버지 귀림으로 이어지는 가계이다. 제주 입도조 김윤조의 7세손이다.

풍수 요점 : 곤좌 간향.

대수산봉 아래에 묘가 있다. 멀리 청룡 능선이 보이고 앞쪽에 백호 능선이 있어 보국이 만들어진 듯하나 수구에 대해서 생각을 해야 한다.

 강인중 묘

소재 주소 : 제주도 서귀포시 성산읍 고성리 2468

내비 주소 : 제주도 서귀포시 성산읍 고성리 2464-2

인물 개요 : 본관은 신천이고, 수산거사 강인중을 기준으로 아버지 자성-조부 의종-증조 희로 이어지는 가계이다. 제주 입도조 강영의 6세손이다.

풍수 요점 : 정좌 계향.

대수산봉에서 북서쪽으로 뻗은 산자락에 있는 터이다. 묘 입구에서 도로의 생김새로 청룡과 백호를 유추해 보면 백호보다 청룡의 흔적이 좀 더 뚜렷하게 보인다.

강득민 묘

소재 주소 : 제주도 서귀포시 성산읍 수산리 1347

내비 주소 : 제주도 서귀포시 성산읍 수산리 1348

인물 개요 : 본관은 신천이고, 증통훈대부장락원정노직통정대부 강득민을 기준으로 아버지 만남-조부 인례로 이어지는 가계이다. 제주 입도조 강영의 8세손(비석에 내용 있음.)이다.

풍수 요점 : 신좌 을향.

앞 도로에서 약간 올라앉은 자리이며, 용맥이 대왕산에서 내려온 것인지 세심한 분석이 필요하다. 현무봉이 뚜렷하고 도로 건너편 밭의 경사도를 자세히 보면 백호의 흔적이 조금 보인다.

 강문발 묘

소재 주소 : 제주도 서귀포시 성산읍 수산리 1362-4

내비 주소 : 제주도 서귀포시 성산읍 수산리 1361-2

인물 개요 : 본관은 신천이고, 호장 강문발을 기준으로 아버지 진안 - 조부 득민 - 증조 만남 - 고조 인례로 이어지는 가계이다. 제주 입도 조 강영의 11세손(비석에 내용 있음.)이다.

풍수 요점 : 신좌 을향.

대왕산에서 동남쪽으로 내려온 용맥의 끝자락에 있다. 주변이 모두 평탄하여 분석이 어려운 지형이지만 입구에 백호 능선의 흔적이 살짝 보인다.

유인 오씨 묘

소재 주소 : 제주도 서귀포시 성산읍 수산리 1407

내비 주소 : 제주도 서귀포시 성산읍 수산리 1404

인물 개요 : 유인 오씨 부인의 본관은 군위이고, 강문발의 처, 강진안의 며
느리이며 강득민의 손자며느리이다.

풍수 요점 : 유좌 묘향.
대왕산의 북동쪽으로 뻗어 내려간 능선의 끝자락으로 보이는
터에 묘가 있다. 대왕산 전체의 모습을 기준으로 하면 청룡 개
장 능선으로 보인다.

 오철순 묘

소재 주소 : 제주도 서귀포시 성산읍 수산리 1435

내비 주소 : 제주도 서귀포시 성산읍 수산리 1434(이 지번 남쪽 끝에 있음.)

인물 개요 : 본관은 군위이고, 여절교위부사직유향좌수 오철순을 기준으로 아버지 석현(제주 입도조)으로 이어지는 가계이다.

풍수 요점 : 건좌 손향.

대왕산 동남쪽의 완만한 경사면에 있으며 사격의 모습은 찾아보기 어렵다. 묘 아래로 조금 내려가면 평평한 개활지가 펼쳐져 상대적으로 높은 느낌이 드는 곳이다.

현은창 묘

소재 주소 : 제주도 서귀포시 성산읍 수산리 2782

내비 주소 : 제주도 서귀포시 성산읍 수산리 2782

인물 개요 : 본관은 연주이고, 통정대부 현은창을 기준으로 아버지 상운-조부 봉민으로 이어지는 가계이다. 제주 입도조 현사경의 13세손이다.

풍수 요점 : 자좌 오향.

묘 뒤쪽 도로가 높으니 현무가 있다는 의미이다. 멀리서 백호가 잘 감싸 주는 모습이 뚜렷이 보여 풍수적 요건을 갖춘 터로 볼 수 있다.

 숙부인 김씨 묘

소재 주소 : 제주도 서귀포시 성산읍 시흥리 2159

내비 주소 : 제주도 서귀포시 성산읍 시흥리 2158

인물 개요 : 숙부인 김씨 부인은 오석현(군위 오씨 제주 입도조)의 처(妻)로
아들 철순-손자 세춘으로 이어지는 가계이다.

풍수 요점 : 묘좌 유향.

활처럼 굽은 소왕산(족은왕뫼)의 가운데쯤에 있는 묘역이다.
청룡에서 돌아온 능선이 묘 앞에서 봉우리를 만들어 보국을
갖춘 듯하나 경사가 심한 편이다. 백호 쪽에 수구가 열려 있는
듯한 지형이다.

김계홍 묘

소재 주소 : 제주도 서귀포시 성산읍 시흥리 2654

내비 주소 : 제주도 서귀포시 성산읍 시흥리 1845(해당 주소 부근)

인물 개요 : 본관은 광산이고, 통훈대부사헌부감찰남학교수 김계홍을 기
준으로 아버지 치용-조부 경봉-증조 수진-고조 세응으로 이
어지는 가계이다.

풍수 요점 : 자좌 오향.

알오름에서 남서쪽으로 내려가던 용맥이 동남쪽으로 방향을
바꾼 곳에 묘가 있다. 앞의 외청룡 능선이 성처럼 동그랗게 감
싸 주는 형태이나 앞산의 높이보다 조금 높이 올라앉아 있어
혈이 결지되려면 자체적인 보국이 있었을 것으로 추정한다.

알오름

 김형우 묘

소재 주소 : 제주도 서귀포시 성산읍 시흥리 2656

내비 주소 : 제주도 서귀포시 성산읍 시흥리 1845(동쪽으로 120m 도보 접근)

인물 개요 : 본관은 광산이고, 통덕랑 김형우를 기준으로 아버지 계륭-조부 진용으로 이어지는 가계이다.

풍수 요점 : 자좌 오향.

알오름 안 두산봉에서 남쪽으로 내려온 용맥이다. 김계홍 묘의 외청룡에 해당되므로 반대로 김계홍 묘가 외백호가 되어 오른쪽을 보호해 주며 앞산 역시 터를 동그랗게 감싸 준다.

알오름

부만겸 묘

소재 주소 : 제주도 서귀포시 성산읍 오조리 274

내비 주소 : 제주도 서귀포시 성산읍 오조리 273-2

인물 개요 : 본관은 제주이고, 통정대부 부만겸을 기준으로 아버지 경륭-
조부 명현-증조 상필-고조 광옥-5대조 대붕으로 이어지는 가
계이다.

풍수 요점 : 계좌 정향.
성산고등학교 서쪽의 야트막한 언덕에서 용맥이 내려온 것으
로 추정된다. 식산봉이 외청룡의 끝자락이 되고 오조리 포구
가 외백호가 되어 묘 100m 앞 거리에 만(灣)으로 된 바다가 있
는 지형이 만들어진 곳이다(전방의 나무들에 가려져 묘에서 만이
보이지는 않음).

 부유렴 묘

소재 주소 : 제주도 서귀포시 성산읍 오조리 632

내비 주소 : 제주도 서귀포시 성산읍 오조리 633

인물 개요 : 본관은 제주이고, 어모장군 부유렴을 기준으로 아버지 삼노(三老)-5대조 언경(彦景)으로 이어지는 가계이다.

풍수 요점 : 신좌 을향.

주변이 개활지처럼 되어 있으나 묘역과 주변의 농지에 단차(段差)가 있는 것을 살펴 풍수적 판단을 할 수 있다. 동남쪽 200m 지점의 만(灣)이 어떤 영향을 주는지 판단해 보아야 할 자리이다. 묘에서 마주 보이는 식산봉의 장군석을 잘라서 인물이 나지 않았다는 전설을 새겨볼 곳이다.

부협 묘

소재 주소 : 제주도 서귀포시 성산읍 오조리 643-2

내비 주소 : 제주도 서귀포시 성산읍 오조리 633(부유렴 묘 청룡 쪽)

인물 개요 : 본관은 제주이고, 선무랑군자감주부 부협을 기준으로 아버지 세영-조부 유렴-증조 삼노-고조 상종으로 이어지는 가계이다.

풍수 요점 : 유좌 묘향.

서쪽의 대왕산에서 이어지는 산줄기로 추정된다. 백호에 해당하는 조부(부유렴) 묘역보다 조금 낮은 느낌이다. 정면에 단아하게 보이는 식산봉은 외청룡의 끝이고, 오조리 포구 있는 지점이 외백호의 끝자락이 된다.

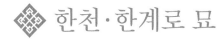 한천·한계로 묘

소재 주소 : 제주도 서귀포시 표선면 가시리 2385-1

내비 주소 : 제주도 서귀포시 표선면 가시리 2378

인물 개요 : 본관은 청주이고, 고려예문관대제학 한천을 기준으로 아버지
대순-조부 유악-증조 사기-고조 강으로 이어지는 가계이다.
한계로의 고조가 한천(제주 입도조)이다.

풍수 요점 : 임좌 병향(좌향 동일).
묘역은 설오름에서 이어지는 산줄기에 있다. 250m 앞에는 안
좌천으로 흘러가는 작은 실개천이 백호에서 청룡방으로 감싸
준다. 다시 500여 m 앞에는 안좌천이 환포해 주지만 높이 등
을 감안하여 보국이 유정하고 튼실하게 갖추어졌는지 판단해
야 할 터이다.

오상중 묘

소재 주소 : 제주도 서귀포시 표선면 가시리 2390

내비 주소 : 제주도 서귀포시 표선면 가시리 2390

인물 개요 : 본관은 군위이고, 유향별감 오상중을 기준으로 아버지 사업-조부 덕례-증조 수성-고조 윤길로 이어지는 가계이다.

풍수 요점 : 임좌 병향.

설오름에서 뻗어 나온 용맥에 묘가 있다. 백호는 아주 뚜렷하게 감싸 주는데 묘 뒤쪽의 긴 과협처 같은 형상이 문제가 될 수 있다. 그러나 그 부분이 장협(長峽)의 형태이니 중간에 작은 봉우리의 기(起)가 있었고 여기가 분맥처가 될 수 있음을 감안하여야 한다.

김용신·김계수 묘

소재 주소 : 제주도 서귀포시 표선면 가시리 산38

내비 주소 : 제주도 서귀포시 표선면 가시리 3149-16(조랑말 체험공원 캠핑
장에서 샛길로 약 650m 걸어감.)

인물 개요 : 본관은 경주이고, 병절교위용마위부사직 김계수를 기준으로
아버지 용신-조부 검룡-증조 인찬-고조 존일-5대조 천익으
로 이어지는 가계이다.

풍수 요점 : 건좌 손향(좌향 동일).

대록산, 소록산, 따라비오름, 물영아리, 번널오름 등 주변의 봉
우리들에 둘러싸여 있으며, 용맥은 북서쪽의 소록산에서 출맥
한 것으로 추정된다. 마치 평원 지대 같아서 육안으로 풍수적
판단은 쉽지 않은 곳이므로 묘역 뒤 완만한 경사 등 높낮이의
작은 차이를 살펴서 분석할 필요가 있다.

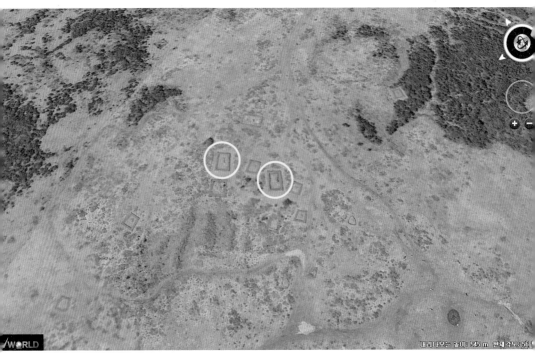

정의향교

소재 주소 : 제주도 서귀포시 표선면 성읍리 820-1

내비 주소 : 제주도 서귀포시 표선면 성읍리 820-1

건물 개요 : 1423년(세종 5년)에는 고성리에 있었다. 그 후 중·개축과 이건을 거듭하다가 방어사(防禦使) 장인식이 1849년(현종 15년) 조정에 주청하여 지금 위치로 이건하였다.

풍수 요점 : 유좌 묘향.

성읍리 주변의 천미천과 신수왓천을 참고하여 용맥을 찾아보면 모지오름에서 가매기동산을 지나 내려오는 것으로 판단된다. 주변이 약간 높낮이가 있는 지형이고 담장 밖과 안의 땅바닥 높이가 차이가 나므로 육안으로도 풍수적 판단을 할 수 있다.

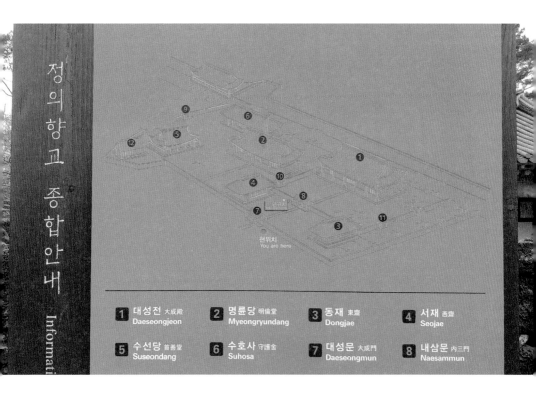

정의향교 종합안내
Informati

1 대성전 大成殿 Daeseongjeon	**2** 명륜당 明倫堂 Myeongryundang	**3** 동재 東齋 Dongjae	**4** 서재 西齋 Seojae
5 수선당 晉善堂 Suseondang	**6** 수호사 守護舍 Suhosa	**7** 대성문 大成門 Daeseongmun	**8** 내삼문 內三門 Naesammun

현위치
You are here

 정의현 객사

소재 주소 : 제주도 서귀포시 표선면 성읍리 875

내비 주소 : 제주도 서귀포시 표선면 성읍리 875

건물 개요 : 객사는 지방관이 매월 초하룻날과 보름날에 임금을 향해 배례를 올리는 장소이며 중앙의 관리가 지방에서 거처로 사용하기도 했다. 언제 건축되었는지 기록은 없으나 조선 시대 여러 기록에 나타난다. 1909년 정의현 객사에 정의공립보통학교가 들어서면서 철회되었다가 1993년 발굴 조사를 시작하고 1997년부터 복원을 시작하여 2000년대 초에 복원했다.

풍수 요점 : 자좌 오향.

성읍마을 중앙에 있어 풍수적 판단을 위한 흔적을 꼼꼼히 찾아야 하는 터이다. 객사 건물 뒤 거목이 있는 곳의 능선과 담장 밖 도로 주변의 높이 흔적을 활용하여야 한다.

열녀 송씨 묘

소재 주소 : 제주도 서귀포시 표선면 성읍리 1393-1

내비 주소 : 제주도 서귀포시 표선면 성읍리 1393-4(신도비는 1392)

인물 개요 : 열녀 송씨 부인의 본관은 여산이고, 송시중의 딸이다. 남편 강
시한을 기준으로 아들 운-손자 인효-증손 연달, 근달로 이어지
는 가계이다. 옆은 아들 강운의 처 고씨 부인 묘이다.

풍수 요점 : 곤좌 간향.
내룡의 용맥은 모지오름에서 장자오름을 지나 내려온다고 판
단된다. 묘 뒤의 땅이 최근 약간 훼손되었지만 현무봉의 형태
가 있다. 여기에서 도로 쪽으로 만들어진 백호의 흔적이 보이
며 청룡 능선도 밭 쪽으로 나온 흔적이 보이는 등 풍수적 분석
을 해 볼 만한 터이다.

 순인 김씨 묘

소재 주소 : 제주도 서귀포시 표선면 성읍리 1401

내비 주소 : 제주도 서귀포시 표선면 성읍리 2197-3(샛길로 들어감.)

인물 개요 : 순인 김씨 부인의 본관은 김해이고, 내군외감 전주 이수억의
처이다. 내군외감 이수억을 기준으로 아버지 치헌-조부 연계
군-증조 서릉군-고조 해안군(중종 대왕 둘째 아들)으로 이어지
는 가계이다. 특이하게 부인의 이름 '김응례'가 묘비에 있다.

풍수 요점 : 곤좌 간향.

모지오름에서 동남쪽으로 뻗어 내린 용맥이 만든 터로 추정된
다. 묘 청룡방 산담 뒤에는 현무(작은 봉우리)가 있고 이곳에서
부터 완만한 경사가 묘 마당까지 이어져 있는 것이 특징이다.

송신량 묘

소재 주소 : 제주도 서귀포시 표선면 성읍리 1959

내비 주소 : 제주도 서귀포시 표선면 성읍리 1960

인물 개요 : 본관은 여산이고, 가선대부 송신량을 기준으로 아버지 순(舜)으로 이어지는 가계이다. 정가공파 제주 입도조이다. 시조 송유익의 17세손, 송서의 12세손이다.

풍수 요점 : 간좌 곤향.

천미천의 형태를 보면 산줄기는 개오름에서 이어지는 것으로 생각된다. 뒤로 야트막한 언덕을 등지고 청룡방에는 영주산이 있어 주변의 물들이 앞쪽 성읍저수지로 모이는 지형이다. 수구처가 되는 저수지 둑의 바람을 막아 줄 청룡이 빈약하지 않은지 생각해 보아야 한다.

 # 고수견 부부 묘

소재 주소 : 제주도 서귀포시 표선면 세화리 1993-2

내비 주소 : 제주도 서귀포시 표선면 세화리 1993-2

인물 개요 : 본관은 제주이고, 어모장군 고수견을 기준으로 아버지 계문-
조부 태필-증조 득종-고조 봉지-5대조 신걸로 이어지는 가계
이다.

풍수 요점 : 건좌 손향.
제주도 다른 묘에 비해 용맥과 백호의 모습이 뚜렷한 편이다.
고수견 묘를 기준으로 하면 허씨 부인 묘가 있는 능선이 백호
역할의 능선이 되고, 반대로 허씨 부인 묘를 기준으로 하면 고
수견 묘가 청룡이 될 것이다. 두 곳 모두 장풍을 생각해 보아
야 한다.

허영집 묘

소재 주소 : 제주도 서귀포시 표선면 세화리 산8

내비 주소 : 제주도 서귀포시 표선면 세화리 산9

인물 개요 : 본관은 양천이고, 어모장군 허영집을 기준으로 아버지 효명-조부 인신-증조 천우-고조 소년으로 이어지는 가계이다. 매오름 아래에 있어 상징적으로 독수리 상을 만들어 놓았다.

풍수 요점 : 을좌 신향.

매오름에서 남서쪽으로 뻗은 산자락에 묘역이 있다. 경사가 조금 심해서 제절 앞에 쌓은 축대 높이가 대략 1.5m 정도 되므로 묘 옆에서 축대 쌓기 이전 지형을 유추해 보아야 한다.

도청오름

매오름

김치집·김하헌 묘

소재 주소 : 제주도 서귀포시 표선면 토산리 1271/1302

내비 주소 : 제주도 서귀포시 표선면 토산리 1271

인물 개요 : 본관은 광산이고, 유향별감향대부 김치집을 기준으로 아버지 여성으로 이어지는 가계이다. 제주 입도조 김윤조의 10세손이 며 옆에는 아들 하헌의 묘가 있다.

풍수 요점 : 손좌 건향(좌향 동일).

북동쪽의 토산봉에서 용맥이 흘러오고, 남서방으로는 송천이 흘러 청룡의 흔적을 남겨 놓았다. 묘역의 경사가 심한 편이고 앞쪽은 트인 느낌이 드는 것을 생각해 보아야 한다.

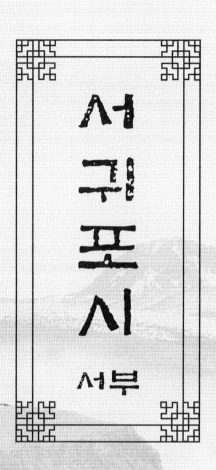

서귀포시

서부

제주 묘 산담과 벌초 방학

제주도는 묘 주변에 산담이라고 부르는 돌담장을 쌓는 것이 특징이다. 산담은 무덤의 경계를 표시하고, 짐승으로부터 무덤을 보호하는 역할을 한다. 부수적으로는 세력 과시, 목초지를 태울 때 불이 묘로 번지는 것 차단, 강한 바람을 막는 비보풍수 등을 꼽을 수 있다. 산담에는 신이 출입한다는 신문(神門, 시문 또는 올레라고도 함.)을 만들고 그 위에 평평하고 긴 정돌을 놓는다(남자의 신문 왼쪽, 여자의 신문 오른쪽). 묘와 관련한 제주도 풍속 중 하나가 벌초 방학이다. 음력 8월 1일은 벌초를 위해 제주도 모든 학교가 휴교하였는데 2010년 이후에는 거의 행해지고 있지 않다.

정난주 마리아 묘

소재 주소 : 제주도 서귀포시 대정읍 동일리 9

내비 주소 : 제주도 서귀포시 대정읍 동일리 13

인물 개요 : 본관은 나주이고, 정난주 마리아를 기준으로 아버지 약현-조부 재운-중조 지해-고조 항성-5대조 도태로 이어지는 가계이다. 고모부는 조선에서 처음 세례를 받은 이승훈(세례명 베드로)이다.

풍수 요점 : 계좌 정향.

앞쪽으로 멀리 모슬봉이 보일 뿐 주변이 거의 개활지 수준이다. 물길이나 보국을 찾아볼 수 없어 육안으로 풍수적 판단이 쉽지 않다.

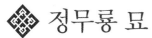 정무룡 묘

소재 주소 : 제주도 서귀포시 대정읍 동일리 1498

내비 주소 : 제주도 서귀포시 대정읍 동일리 1497

인물 개요 : 본관은 청주이고, 유향좌수 정무룡을 기준으로 아버지 봉-고
조 응종으로 이어지는 가계이다. 아버지 정봉이 청주 정씨 제
주 입도조이다.

풍수 요점 : 자좌 오향.

용맥이 어디부터 이어져 온 것인지는 명확히 판단할 수 없으
나 청룡 쪽 실개천 2개를 활용하여 판단하면 신평리 방향이라
고 추정할 수 있다. 앞쪽으로 모슬봉이 보이고 백호 쪽에 있는
가시오름에서 내려온 능선들이 백호 역할을 하며 막아 주는
흔적이 보인다.

변성휴·변경붕 묘

소재 주소 : 제주도 서귀포시 대정읍 신도리 838

내비 주소 : 제주도 서귀포시 대정읍 신도리 839-1

인물 개요 : 본관은 원주이고, 통정대부행이조참의 변경붕을 기준으로 아버지 성휴-조부 시해-증조 희련으로 이어지는 가계이다. 제주 입도조 변세청의 12세손이다.

풍수 요점 : 신좌 을향(좌향 동일).

녹남봉을 옆에 두고 널따란 들판 가운데에 있다. 주변의 농지보다 약간 높은 곳에 있는 느낌이 들어 장풍이 되지 않을 것으로 생각된다.

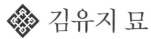 김유지 묘

소재 주소 : 제주도 서귀포시 대정읍 신도리 1568

내비 주소 : 제주도 서귀포시 대정읍 신도리 1569

인물 개요 : 본관은 김해이고, 사랑 김유지를 기준으로 아버지 신명 - 조
부 효충 - 증조 세상 - 고조 호인 - 6대조 수연으로 이어지는 가
계이다.

풍수 요점 : 계좌 정향.

묘로 이어지는 산줄기는 녹남봉에서 내려오며 묘 뒤 작은 현
무봉의 흔적이 있다. 청룡방에는 보름이오름이 단아하게 있으
나 백호방에는 눈에 띄는 능선이나 오름이 없는 점이 아쉽다.

김국준 묘

소재 주소 : 제주도 서귀포시 안덕면 감산리 208

내비 주소 : 제주도 서귀포시 안덕면 감산리 202-1(아래쪽 귤밭 안)

인물 개요 : 본관은 김해이고, 통정대부 김국준을 기준으로 아버지 대복-조부 안방-증조 용지-고조 계찬으로 이어지는 가계이다. 제주 입도조 김만희의 10세손이다(비문 기준).

풍수 요점 : 계좌 정향.

대병악(골른오름)에서 길게 내려온 용맥이 귤밭 사이로 살짝 흔적을 보이다가 동쪽에서 따라온 창고천이 앞을 가로막으며 만들어진 자리이다. 신산오름에서 이어지는 산줄기가 외청룡이 되었고 전면에는 월라봉이 지켜 주는 형상이다.

◈ 이탁 묘

소재 주소 : 제주도 서귀포시 안덕면 감산리 1415

내비 주소 : 제주도 서귀포시 안덕면 감산리 1377-1

인물 개요 : 본관은 고부이고, 처사 이탁을 기준으로 아버지 광옥 - 조부 주 - 증조 충현 - 고조 세번(제주 입도조) - 5대조 정으로 이어지는 가계이다.

풍수 요점 : 계좌 정향.

대병악(골른오름)에서 내려온 용맥의 한 가지에 자리 잡은 터이다. 전면에 바다가 보일 정도로 약간 높은 느낌이 들지만 가까이에도 청룡, 백호가 자리 잡았다. 월라봉이 외청룡이 되고 산방산이 외백호가 되어 보국은 갖추어졌다.

지영걸 묘

소재 주소 : 제주도 서귀포시 안덕면 감산리 1455

내비 주소 : 제주도 서귀포시 안덕면 감산리 1734

인물 개요 : 본관은 충주이고, 첨절제사 지영걸(충주 지씨 제주 입도조)을 기
준으로 아버지 연-조부 수홍-증조 언방-고조 한근으로 이어지
는 가계이다.

풍수 요점 : 갑좌 경향.

전면에는 산방산이 살짝 보이고 청룡방으로 월라봉이 바닷바
람을 막아 주는 곳이다. 묘역 주변이 택지 조성 공사를 한 것
처럼 많이 훼손되어 판단이 쉽지 않으나 대로를 건너온 산들
이 둘러싸는 듯한 느낌을 준다.

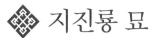 지진룡 묘

소재 주소 : 제주도 서귀포시 안덕면 감산리 1704

내비 주소 : 제주도 서귀포시 안덕면 감산리 1706

인물 개요 : 본관은 충주이고, 통정대부 지진룡을 기준으로 아버지 제-조부 영걸(제주 입도조)로 이어지는 가계이다.

풍수 요점 : 임좌 병향.

대병악(골른오름)에서 내려온 산줄기에 자리 잡은 곳이다. 월라봉이 앞 조산의 역할을 하고 산방산이 외백호 역할을 해 주기 때문에 백호가 다소 낮아 보이는 것은 문제가 되지 않을 것이다. 하지만 월라봉과 산방산 사이의 수구에 대해서는 분석해 보아야 한다.

오세현·오영관 묘

소재 주소 : 제주도 서귀포시 안덕면 덕수리 1646

내비 주소 : 제주도 서귀포시 안덕면 덕수리 1646

인물 개요 : 본관은 화순이고, 어모장군 오영관을 기준으로 아버지 세현-
조부 후원-증조 태고-고조 덕립으로 이어지는 가계이다.

풍수 요점 : 계좌 정향(좌향 동일).

북동쪽의 넙게오름에서 남서쪽으로 1.2km 뻗어 나온 용맥의
끝자락에 위치해 있다. 묘역 주변은 약간의 경사가 있고 거리
가 약간 떨어졌지만 청룡과 백호가 감싸 주는 곳이며, 앞쪽 멀
리 나무 사이로 조산인 산방산이 살짝 보인다.

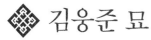 # 김웅준 묘

소재 주소 : 제주도 서귀포시 안덕면 동광리 1220

내비 주소 : 제주도 서귀포시 안덕면 동광리 1219-2

인물 개요 : 본관은 김해이고, 효력부위 김웅준을 기준으로 아버지 대복-조
부 안방으로 이어지는 가계이다. 제주 입도조 김만희의 8세손
이다(비문 기준).

풍수 요점 : 갑좌 경향.

대병악(골른오름)에서 남서쪽으로 뻗은 산줄기에 있다고 추정
된다. 청룡과 백호방에 능선의 흔적이 보이고 그 형태도 보국
을 만들었으므로 혈이 결지되었을 것이다.

이동규 묘

소재 주소 : 제주도 서귀포시 안덕면 동광리 산94

내비 주소 : 제주도 서귀포시 안덕면 동광리 1351

인물 개요 : 본관은 고부이고, 유향별감 이동규를 기준으로 아버지 식-조부 광신-증조 우-고조 충현으로 이어지는 가계이다. 제주 입도조 이세번의 5대손이다.

풍수 요점 : 자좌 오향.

거린오름(거린악)에서 동남쪽으로 뻗어 내려오는 용맥이 평평해진 곳에 묘가 있다. 청룡이나 백호 능선이 확실하게 보이지 않는다. 안온한 느낌을 주는 곳이고, 멀리 산방산과 월라봉이 보인다.

거린오름

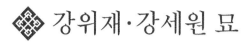

강위재·강세원 묘

소재 주소 : 제주도 서귀포시 안덕면 사계리 17/18(옆인데 지번이 다름.)

내비 주소 : 제주도 서귀포시 안덕면 사계리 14

인물 개요 : 본관은 진주이고, 유향별감 강세원을 기준으로 아버지 위재-
조부 진(縉)-증조 개복-고조 기수-5대조 인건-6대조 근손으
로 이어지는 가계이다. 제주 입도조 강윤희의 12세손이다.

풍수 요점 : 유좌 묘향(강위재 묘), 경좌 갑향(강세원 묘).
산방산 북동쪽으로 내려온 용맥의 경사면에 있다. 급래완수의
지형이고 백호방으로 바다가 가까이 있지만 전혀 그렇게 느껴
지지 않는 터이다.

이우봉 묘

소재 주소 : 제주도 서귀포시 안덕면 사계리 853

내비 주소 : 제주도 서귀포시 안덕면 사계리 529-1

인물 개요 : 본관은 수안이고, 처사 이우봉을 기준으로 아버지 보운으로
이어지는 가계이다. 이계성의 10세손이며 5대조가 이계영이
다. 같은 산담 안에 이우봉 묘와 31세손 이동백의 묘가 있다.

풍수 요점 : 축좌 미향.

묘 뒤쪽으로 약간 경사가 있어 배산의 흔적을 찾아볼 수 있는
터이다. 동남방의 산방산과 남서방의 바굼지오름(단산) 사이
로 바다가 보여 장풍에 대해 고민이 필요한 터이다.

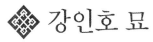 강인호 묘

소재 주소 : 제주도 서귀포시 안덕면 사계리 1372

내비 주소 : 제주도 서귀포시 안덕면 사계리 3578-34

인물 개요 : 본관은 진주이고, 수의부위유향좌수 강인호를 기준으로 아버지
근손-조부 심-증조 원으로 이어지는 가계이다. 강호례의 12세
손, 강윤희의 8세손이다.

풍수 요점 : 계좌 정향.

청룡방(동쪽)에 있는 산방산에서 서쪽으로 내려온 산줄기에
있다. 정면에 수구의 흔적이 조금 남아 있고, 백호방에는 바굼
지오름(단산)이 있다.

대정향교

소재 주소 : 제주도 서귀포시 안덕면 사계리 3126-1

내비 주소 : 제주도 서귀포시 안덕면 사계리 3126-1

건물 개요 : 처음 조선 태종 16년(1416년)에 세웠으며 이후 풍수적으로 터가 좋지 않다고 하여 여러 차례 옮기다가 효종 4년(1653년)에 현재의 자리로 옮겼다. 영조 48년(1772년)에는 명륜당을, 헌종 원년(1834년)에는 대성전을 다시 지었다. 대성전은 일반적인 향교 수준의 크기이나 명륜당이 많이 초라하다.

풍수 요점 : 자좌 오향.

바굼지오름(단산)에서 가운데로 내려오는 능선 아래에 있다. 주능선에서 옆으로 조금 비켜난 자리이고, 백호 능선이 뻗어나가 만들어진 금산이 밖으로 비주하는 형상이다.

진정적·진국보·진석범·진효대 묘

소재 주소 : 제주도 서귀포시 안덕면 상창리 43

내비 주소 : 제주도 서귀포시 안덕면 상창리 45-1

인물 개요 : 본관은 풍기이고, 처사 진석범을 기준으로 아버지 국보(생부 국태)-조부 정적으로 이어지는 가계이다. 진효대는 제주 입도 조 진계백의 14세손이다. 진정적 묘와 진국보 묘는 같은 산담 안에 부자가 쌍분 형태로 있고, 진석범 묘는 같은 산담 안에 부부가 쌍분 형태로 있으며, 진효대 묘는 부부 합장 묘이다.

풍수 요점 : 자좌 오향(좌향 동일).

소병악(족은오름)에서 남쪽으로 내려온 용맥에 묘역이 있다. 청룡 능선은 가까이에 뚜렷한 흔적이 보이나 백호 능선은 거리가 다소 먼 듯하다.

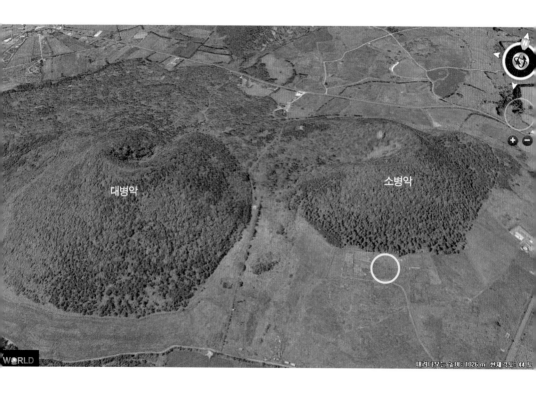

유인 김씨·강필녕 묘

소재 주소 : 제주도 서귀포시 안덕면 상창리 710

내비 주소 : 제주도 서귀포시 안덕면 상창리 706-1

인물 개요 : 유인 김씨 부인의 본관은 경주이고, 강세철의 처이자 강필녕의 조모이다. 본관은 진주이고, 유향별감절충장군 강필녕을 기준으로 아버지 도경-조부 세철-증조 위빙-고조 진-5대조 개복으로 이어지는 가계이다.

풍수 요점 : 축좌 미향(유인 김씨 묘), 계좌 정향(강필녕 묘).
창고천의 흐름으로 보아 대병악(골른오름)에서 남쪽으로 이어지는 용맥이다. 같은 번지 안에 있는 두 묘가 쌍유혈처럼 거의 나란히 있고 두 묘 사이에 작은 능선의 흔적이 보인다.

의인 양씨·유인 고씨 姑婦 묘

소재 주소 : 제주도 서귀포시 안덕면 상창리 2092

내비 주소 : 제주도 서귀포시 안덕면 상창리 2091-1

인물 개요 : 의인 양씨 부인과 유인 고씨 부인의 본관은 제주이다. 의인 양
씨 부인은 양잠의 딸로 오이관(제주 입도조 오석현 11세손) 처이
다. 유인 고씨 부인은 고홍서의 딸로 오이관과 양씨 부인의 큰
아들인 오정기 처이다.

풍수 요점 : 축좌 미향(좌향 동일).

대병악(골른오름)에서 남서쪽으로 내려온 용맥의 한 가지에 있
는 터이다. 멀리 조산인 산방산이 보이고 가까이 있는 청룡과
백호 양쪽 능선이 뚜렷해서 골(물길)이 아닐까 하는 의구심이
들 수 있으므로 지형에 대해서 깊은 생각이 필요한 곳이다.

김진 묘

소재 주소 : 제주도 서귀포시 안덕면 서광리 57

내비 주소 : 제주도 서귀포시 안덕면 서광리 58-9

인물 개요 : 본관은 김해이고, 유향좌수 김진을 기준으로 아버지 영손-조부 유지-증조 만희(제주 입도조)로 이어지는 가계이다.

풍수 요점 : 계좌 정향.

이 터의 산줄기는 거린오름(거린악)에서 내려오는 것으로 추정된다. 청룡이 앞을 감싸 주는 흔적은 조금 보이지만 백호의 흔적이 택지 개발로 사라져서 판단이 쉽지 않다.

 양수담 묘

소재 주소 : 제주도 서귀포시 안덕면 서광리 935

내비 주소 : 제주도 서귀포시 안덕면 서광리 929-1(산길로 250m 내려감.)

인물 개요 : 본관은 제주이고, 가선대부동지중추부사유향별감 양수담(중
랑장공파 파시조)을 기준으로 아버지 준으로 이어지는 가계이
다. 양홍의 11세손이고, 아들은 양대홍이다.

풍수 요점 : 곤좌 간향.
넙게오름(광챙이오름)에서 북동방으로 뻗어 내려간 용맥이 마
무리되기 전 중턱쯤 나름 높은 위치에 묘가 있으며 급래완수
의 형태가 갖추어진 곳이다.

강세철 묘

소재 주소 : 제주도 서귀포시 안덕면 서광리 2295

내비 주소 : 제주도 서귀포시 안덕면 서광리 2292

인물 개요 : 본관은 진주이고, 유향좌수 강세철을 기준으로 아버지 위빙-조부 진-증조 개복-고조 기수-5대조 인건으로 이어지는 가계이다.

풍수 요점 : 간좌 곤향.

용맥은 넙게오름(광쳉이오름)에서 묘로 내려오며, 백호 능선의 흔적은 살짝 남아 있으니 확인해 보아야 한다. 이 자리는 멀리 산방산, 송악산, 바굼지오름, 모슬봉, 가시오름까지 보여 제주도에서 조망이 아주 수려한 곳이다.

표지 이미지 출처

한라산·성산일출봉 : 조남선
산방산 : 문화재청 국가문화유산포털

풍수 유적 답사기

초판 1쇄 찍은날 2020년 6월 22일
초판 1쇄 펴낸날 2020년 6월 30일

글 정석풍수연구학회
펴낸이 서경석
편집 김진영, 박고은 | **디자인** 박호준
마케팅 서기원 | **영업, 관리** 서지혜, 이문영

펴낸곳 청어람M&B
출판등록 2009년 4월 8일(제313-2009-68)
주소 경기도 부천시 부일로483번길 40 (14640)
전화 032)656-4452
팩스 032)656-9496

ISBN 979-11-86419-64-9
　　　979-11-86419-51-9(세트)

ⓒ 정석풍수연구학회, 청어람M&B 2020

이 도서의 국립중앙도서관 출판예정도서목록(CIP)은 서지정보유통지원시스템 홈페이지(http://seoji.nl.go.kr)와 국가자료공동목록시스템(http://www.nl.go.kr/kolisnet)에서 이용하실 수 있습니다.(CIP제어번호: CIP2020023504)